LE CAMP RETRANCHÉ

DE PARIS

ET LA

DÉFENSE NATIONALE

AVEC 21 CARTES EN GRAVURE SUR MÉTAL

Par le GÉNÉRAL ***

PARIS | LIMOGES
11, place Saint-André-des-Arts. | Nouvelle Route d'Aixe, 46

IMPRIMERIE ET PAPETERIE MILITAIRES

Henri CHARLES-LAVAUZELLE

LIBRAIRE-ÉDITEUR

—

1886

LE CAMP RETRANCHÉ
DE PARIS
ET LA
DÉFENSE NATIONALE

AVEC 21 CARTES EN GRAVURE SUR MÉTAL

Par le GÉNÉRAL X...

PARIS | **LIMOGES**
11, place Saint-André-des-Arts. | Nouvelle Route d'Aixe, 46.

IMPRIMERIE ET PAPETERIE MILITAIRES

Henri CHARLES-LAVAUZELLE

LIBRAIRE-ÉDITEUR

1886

DROITS DE REPRODUCTION ET DE TRADUCTION RÉSERVÉS.

PRÉFACE

Avant de parler du présent et de l'avenir, jetons un coup d'œil vers le passé; avant de faire connaître, dans ses détails, le vaste système de défense qui constitue aujourd'hui le camp retranché de Paris, esquissons rapidement les anciennes fortifications; avant d'indiquer ce qui a été fait par le Gouvernement de la République pour protéger le cœur et la tête de la patrie française, rappelons ce qui avait été tenté par la monarchie pour mettre le trône à l'abri des insultes de l'étranger.

Une semblable étude rétrospective ne peut être dépourvue d'intérêt; quelque écourtée qu'elle soit, elle n'en est pas moins féconde en enseignements.

Le 19 septembre 1870, c'est-à-dire le jour où l'armée prussienne terminait l'investissement, Paris était défendu seulement par les forts élevés d'après les plans dressés par le général DODE DE LA BRUNERIE, sous l'inspiration de M. THIERS, alors Ministre de LOUIS-PHILIPPE.

Le système adopté était celui de la défense éloignée, excellent système inauguré avec éclat par MASSÉNA, RAPP et GOUVION-SAINT-CYR, à Gênes, à Dantzig et à Dresde. La ville, entourée d'une enceinte continue bastionnée (1), était le réduit de ce vaste camp retranché qui suffisait largement pour mettre Paris à l'abri d'un bombardement au moment où il fut construit, mais qu'avaient rendu de beaucoup insuffisant les progrès réalisés depuis dans l'armement des armées européennes.

Au Nord, couvrant la plaine de Saint-Denis, se dressaient les forts

---

(1) L'enceinte comprenait et comprend encore 93 bastions.

de la Briche, de la Double-Couronne et de l'Est; c'eût été certainement le côté le mieux protégé sans le voisinage des hauteurs de Stains dont les Allemands surent tirer un si bon parti.

En appuyant vers l'Est on trouvait les forts de Romainville, de Noisy, de Rosny et de Nogent, construits sur le bord extérieur d'un plateau qui domine de 70 à 80 mètres la vallée. Toujours du même côté étaient les redoutes de la Faisanderie et de la Gravelle, sentinelles avancées à l'entrée de la presqu'île de Saint-Maur que forme une boucle de la Marne. Plus en arrière, le fort de Vincennes, trop rapproché pour être bon à autre chose qu'à garantir les magasins et les ambulances.

Pour défendre le pays compris dans l'angle formé par la Seine et la Marne, on avait bâti le fort de Charenton. Les forts d'Ivry et de Bicêtre protégeaient le terrain entre la Haute-Seine et la Bièvre.

Entre cette dernière rivière et la basse Seine, le passage était barré par les forts de Montrouge, de Vanves et d'Issy dont l'importance est beaucoup réduite par le commandement qu'ont sur eux les hauteurs de Bagneux à Meudon.

Sur le front Ouest, entre Issy et Saint-Denis, sur une étendue de près de 30 kilomètres, s'ouvre une large trouée que le Mont-Valérien seul avait mission de garder.

Et puis plus rien.

Et voilà ce qu'en juillet 1870 un Ministre de la Guerre, général du génie, ne craignait pas de déclarer plus que suffisant pour défendre Paris.

« Il est évident que Paris ne sera pas assiégé, — disait le maréchal NIEL. — Quel développement ne faudrait-il pas donner aux troupes assiégeantes pour encahir Paris? un développement de vingt lieues. Quelle est l'armée ennemie, quelque forte qu'elle soit, qui oserait, au cœur de la France, se placer sur un cercle de vingt lieues? Ah! ce cercle serait bientôt forcé! Non, il n'est pas possible d'investir Paris; il faut qu'on attaque par quelque côté isolément; mais alors ce ne sera pas Paris qui sera assiégé, c'est l'assiégeant qui sera enveloppé, qui sera pris de tous côtés. »

« Les fortifications de Paris sont si bien entendues, — ajoutait-il, — elles en rendent le siège tellement incertain, qu'il est évident que Paris ne sera pas assiégé. »

Et Paris a été enveloppé, investi, assiégé, affamé et bombardé; et Paris, soi-disant si admirablement protégé par sa double enceinte, a capitulé.

Est-ce à dire pour cela qu'on puisse en toute justice faire remonter la responsabilité de ce douloureux événement jusqu'au Gouvernement de Louis-Philippe, jusqu'aux Thiers, aux Dode de la Brunerie ; en un mot à ceux qui ont conçu le plan de défense ou qui l'ont exécuté ?

Non ; pour trouver le coupable, le vrai coupable, pas n'est besoin de se reporter aussi loin en arrière.

Les fauteurs de notre ruine, ce sont les ministres de Napoléon III, qui n'ont rien fait pour perfectionner l'œuvre admirable de leurs prédécesseurs. Ce sont les Niel, les Le Bœuf et tutti quanti, tous ceux enfin qui n'ont pas compris qu'à tout perfectionnement réalisé dans l'outillage de siège devait correspondre un perfectionnement équivalent apporté dans l'organisation défensive des places de guerre.

Ceci est un axiome qu'ont paru complètement ignorer les conseillers de Napoléon III : plus s'accroît la portée de l'artillerie, plus doit s'agrandir le rayon de la zone protégée autour des places de guerre ; plus l'attaque dispose de moyens puissants d'action, plus la défense doit accumuler d'obstacles, plus elle doit porter au loin sa première ligne d'ouvrages avancés.

La chute de toutes nos villes fortes pendant l'année terrible n'a pas eu d'autre cause que la méconnaissance de ce principe.

Qu'au moins cette dure leçon nous soit profitable.

Chaque jour les Allemands améliorent leur outillage de siège ; chaque jour l'usine Krupp, toujours en travail, enfante un engin de destruction plus puissant que celui qu'elle a créé la veille.

Faisons de même, et quelque admirable que nous paraisse aujourd'hui le système de défense qui constitue le camp retranché de Paris, n'oublions pas qu'il est loin d'être parfait. Pénétrons-nous bien de cette pensée que, pour le mettre en état de parer à toutes les éventualités de l'avenir, il faut sans cesse travailler à le perfectionner, à le rendre plus fort, plus puissant, plus redoutable.

Ne nous endormons point dans une quiétude trompeuse ; surtout ne quittons pas des yeux la trouée des Vosges. Haut les cœurs ! le danger menace, car le vent de liberté qui, depuis dix ans, souffle sur l'Allemagne n'a pas encore chassé tous les points noirs de notre horizon politique.....

« La maison de Hohenzollern est toujours en révolte, et l'Europe affolée n'est plus qu'un corps sans âme à la merci d'un troupeau de uhlans !... »

Reliure serrée

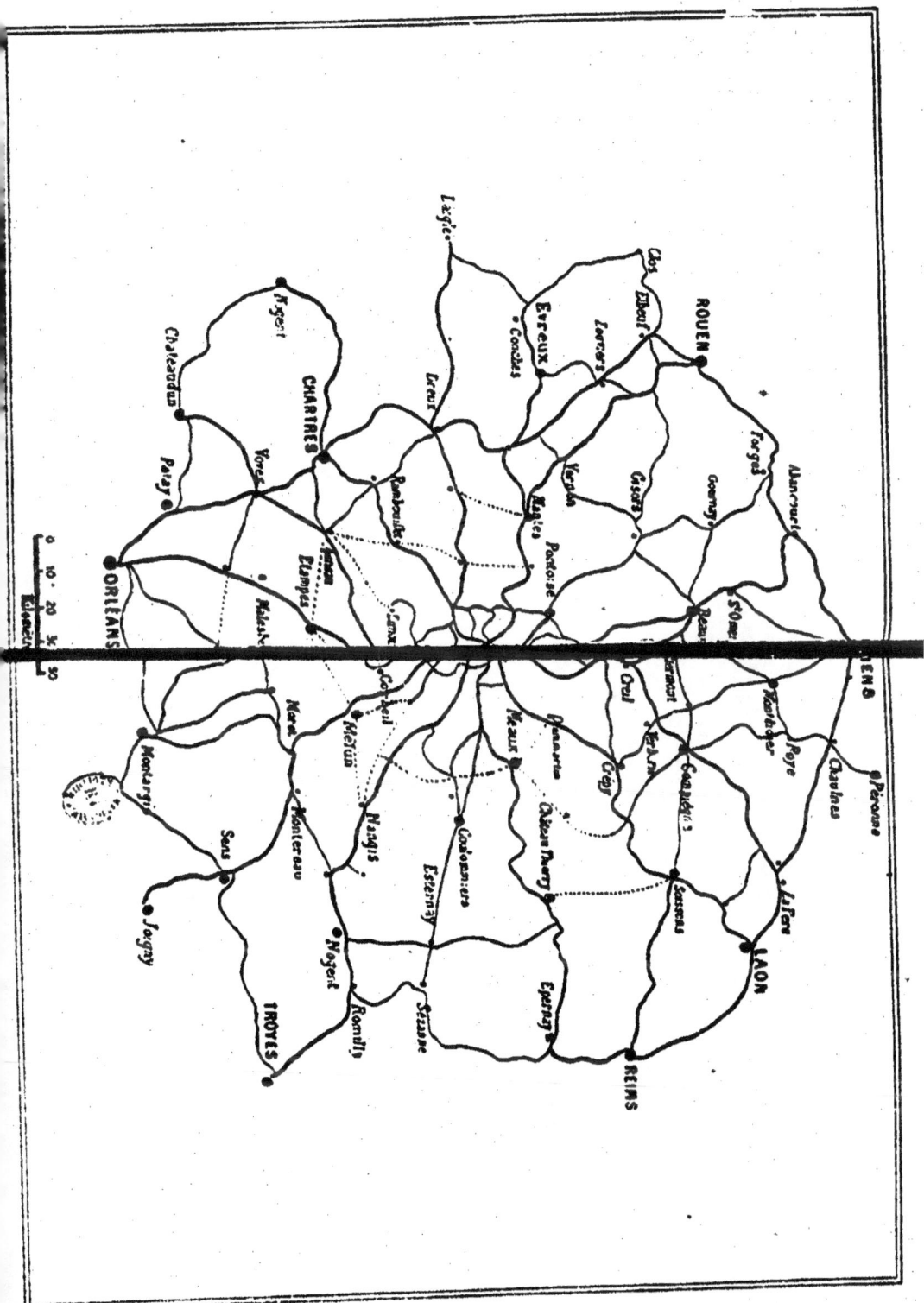

LE CAMP RETRANCHÉ DE PARIS ET LA DÉFENSE NATIONALE

PREMIÈRE PARTIE

CONSIDÉRATIONS PRÉLIMINAIRES

I

Zone dans laquelle doit s'exercer l'action du camp de Paris. — Quel doit être le rôle du camp de Paris. — Idée qui a présidé à la création de ce camp.

La région militaire de Paris, autrement dit la zone dans laquelle doit s'exercer l'action de cette place, en temps de guerre, est limitée par Rouen, Amiens, Laon, Reims, Épernay, Troyes, Joigny, Sens, Montargis, Orléans, Chartres et Évreux.

Elle peut être divisée en trois parties distinctes :

La première, appelée à servir de champ de bataille ou de champ de manœuvre aux armées qui auront pour objectif soit la protection, soit l'attaque de Paris;

La deuxième, sur laquelle s'établiront les troupes chargées d'investir cette place;

Enfin, la troisième qui englobe tous les terrains battus par les ouvrages défensifs de la capitale et couverts par la garnison de Paris.

Avant d'aller plus loin, il est indispensable de réduire à leur juste valeur certaines idées plus ou moins hasardées qui se sont fait jour, depuis quelque temps, au sujet du rôle assigné au camp de Paris dans la défense générale.

Paris sera-t-il le réduit où viendront affluer les débris des armées battues? Servira-t-il de clef à la position défensive sur laquelle se joueront, dans une dernière et décisive partie, les destinées de la France? Ou bien deviendra-t-il plutôt la base puissante sur laquelle s'appuiera la défense pour prendre une nouvelle et vigoureuse impulsion, afin d'enrayer la marche envahissante de l'ennemi?...

Constatons d'abord que le camp retranché de Paris a été créé dans un tout autre but. En l'organisant, nos ingénieurs n'ont eu en vue que la place elle-même : c'est une digue qu'ils ont voulu élever autour de la capitale pour la garantir de toute insulte; c'est l'impossibilité de l'investissement qu'ils ont cherchée, en englobant des territoires immenses dans le périmètre agrandi de ses forts.

Et la preuve de ce que nous avançons, c'est que, dans la crainte de voir nos armées battues se réfugier dans cette vaste enceinte, faute de trouver ailleurs des points d'appui suffisants, ils ont hérissé d'obstacles les falaises de la Champagne et du Laonnais, les transformant ainsi en avancées gigantesques de la place de Paris.

C'est donc, à notre sens, une erreur de croire que le camp de Paris ait été destiné à servir à la France de dernier boulevard contre l'invasion.

II

Le blocus de Paris est possible avec des forces relativement peu considérables. — Différents moyens de réduire la place.

Si, contrairement à nos convictions, notre grand Conseil de défense a voulu faire de Paris un véritable réduit, nous sommes obligés de reconnaître qu'il n'a pas réalisé son rêve. Une place-réduit devrait se trouver dans des conditions telles, qu'elle ne pût être ni investie, ni affamée. Or, tel n'est pas malheureusement le cas. Même en supposant que Paris renferme, au jour du danger, seulement la moitié de sa population normale, il n'en est pas moins certain qu'il restera encore dans ses murs, outre la garnison, près d'un million d'habitants. D'où l'on peut conclure que la consommation journalière serait de 300,000 kilos de viande et de 1,000,000 kilos de pain ou autres aliments similaires.

Évidemment, Paris serait alors approvisionné pour quelques mois; mais, comme il ne pourrait s'alimenter indéfiniment sur ses réserves, sa reddition ne serait qu'une question de temps, si ses vivres n'étaient renouvelés au fur et à mesure de leur consommation.

Empêcher ces ravitaillements, c'est faire tomber Paris.

Pour atteindre ce but, d'aucuns croient indispensable l'investissement complet du camp retranché. Or, comme son contour est de 110 kilomètres, cette opération exigerait *au minimum* 500,000 hommes dont 450,000 combattants, sans compter les corps mobiles que l'ennemi serait tenu d'avoir en même temps, sur deux points au moins, afin d'être prêt à parer à toutes les éventualités.

L'effectif de l'armée d'investissement ne saurait donc être inférieur à 600,000 hommes.

Si l'on ajoute à ce chiffre déjà énorme celui des troupes nécessaires pour assurer les communications ou employées ailleurs, celui des armées tenant la campagne, ainsi que celui des corps immobilisés autour des camps retranchés de l'Est et du Nord-Est, on obtient un total tellement formidable qu'il paraît impossible d'investir Paris.

Tel est, du reste, l'avis d'un certain nombre d'écrivains militaires.

Mais, est-il bien indispensable, pour affamer Paris, de l'investir d'une façon régulière, c'est-à-dire complète, continue?... Nous ne le pensons pas.

L'investissement régulier est tout indiqué quand une place ne renferme qu'une faible population, et qu'il suffit de peu de chose pour lui permettre de prolonger sa résistance; mais c'est un non-sens quand il s'agit de Paris. Un investissement, quelque lâche qu'on le comprenne, ne laisserait guère, en plusieurs mois, passer entre ses mailles que les denrées nécessaires à sa consommation pendant un jour ou deux. Quant aux convois importants, ils ne pourraient être amenés de l'extérieur que par des armées de secours. Or, que l'investissement soit régulier ou non, il faudrait pour arrêter ces armées de secours que l'armée de siège se concentrât sur la direction menacée.

Il ne serait donc pas, à notre avis, nécessaire d'employer 3,000 hommes par kilomètre courant pour bloquer Paris; il suffirait, pour cela faire, de détachements postés sur toutes les routes et soutenus par des réserves assez mobiles pour renforcer rapidement les points menacés.

Une armée d'investissement peut avoir à redouter : soit l'attaque d'une armée de secours, soit une sortie des troupes bloquées, soit encore l'action combinée et simultanée de ces deux forces.

Dans ces différents cas, il s'agira pour l'ennemi d'être numériquement aussi fort que l'assaillant; mais, comme, d'un autre côté, il pourra se trouver attaqué à la fois en tête et en queue, il devra retrancher un certain nombre de positions choisies sur lesquelles il soit certain de se maintenir.

Le nombre de bataillons à employer au siège de Paris dépendra essentiellement de l'effectif des armées françaises tenant alors la campagne ou occupant les camps retranchés de l'Est. En effet, les Français et les Allemands disposant de forces sensiblement égales, à chaque groupe français sera opposé un groupe ennemi de force correspondante. Il s'ensuit que : 1° si l'une de nos armées nationales pousse sur Paris les corps qu'elle a devant elle, l'armée d'investissement se trouve renforcée en proportion de l'accroissement de l'effectif des troupes en état de menacer ses lignes ; 2° si une armée de secours, formée en dehors de la zone envahie, se porte sur Paris, elle trouve devant elle, avant d'arriver sous cette place, une armée égale en nombre qu'il n'aurait pas été nécessaire d'employer ailleurs. L'armée d'investissement servirait ainsi de réserve générale aux autres armées, comme, du reste, cela a eu lieu en 1870-1871.

De ce qui précède, il résulte pour l'ennemi la nécessité d'avoir devant Paris une armée mobile, quel que soit du reste le mode d'investissement employé.

Voyons donc ce qui se produirait au cas où l'ennemi bloquerait Paris au moyen de détachements.

On peut admettre *a priori* que l'assiégeant rendrait d'abord impraticables toutes les voies conduisant de la place aux positions qu'il aurait fortifiées ou qu'il occuperait ; puis que, pour se garantir des attaques extérieures, il mettrait en sérieux état de défense les points stratégiques situés sur les directions menacées.

Son armée mobile serait répartie, par grosses fractions, le long de la voie ferrée circulaire : Melun-Coulommiers-Meaux-Senlis-Pontoise-Rambouillet-Étampes.

Les détachements échelonnés de distance en distance

suffiraient et au-delà pour intercepter les petits convois faiblement escortés.

Quant aux colonnes de ravitaillement de quelque importance et aux corps d'armée de secours, ils seraient toujours signalés assez tôt pour que l'ennemi puisse facilement concentrer tout ou partie de ses forces sur un point avantageux et leur barrer la route.

Avec ce système de blocus, une seule chance de s'échapper resterait à la garnison mobile de Paris : elle consisterait à forcer un des points quelconques de la ligne d'investissement; mais il lui faudrait pour cela être doué d'une mobilité extrême et fatiguer l'attention de l'ennemi par des combats incessants. Les résultats d'une pareille sortie seraient considérables si l'armée de Paris, gagnant les derrières de l'armée assiégeante, s'attachait à ses communications et l'empêchait de se ravitailler, tout en évitant de s'engager sérieusement.

Comme il pourrait en être de même avec tout autre système d'investissement, la question reste entière.

Il est donc difficile d'admettre que le *nec plus ultra* de l'habileté consiste à jeter dans Paris les dernières ressources de la France.

Un réduit ne constitue, après tout, qu'une force passive. Quand on en sort à la barbe l'ennemi, on s'en évade. Le premier des principes est de n'y laisser que le nombre d'hommes strictement nécessaire pour le défendre.

III

Positions couvertes par la Seine et appuyées d'un côté à Paris et de l'autre à la forêt de Fontainebleau. Rôle des camps-frontières.

Au dire de quelques écrivains, c'est derrière la Seine, entre Mantes et Fontainebleau, en s'appuyant au camp de Paris, que les dernières armées françaises auraient, en cas de revers, le devoir de prendre position et d'y tenter encore le sort des armes, afin d'empêcher l'investissement de la capitale.

Cette position derrière la Seine est réellement très forte. Par malheur, l'ennemi n'est nullement obligé de l'aborder de front, et le voulût-il même qu'il ne pourrait pas s'y présenter de cette façon.

En effet, pour gagner Fontainebleau, Melun, Corbeil et Choisy-le-Roi, les armées françaises seraient forcées de suivre les routes menant de Troyes à Fontainebleau et de Villenauxe, de Nogent-sur-Seine ou de Bray à Melun, ainsi que celle de Sezanne à Corbeil et à Choisy.

Les vallées de la Marne et de la Seine étant fermées

par les forts d'Épernay, de Villenauxe et de Romilly, l'ennemi n'aurait plus à sa disposition que les routes qui divergent de Sézanne. Ce serait peu pour des armées aussi nombreuses. Du reste, l'envahisseur s'y engagerait d'autant moins volontiers qu'il livrerait ainsi bénévolement ses communications aux troupes chargées d'occuper le camp de Reims.

D'ailleurs, son intérêt lui commanderait de laisser les forces françaises s'éloigner de la Loire, ainsi que nous le démontrerons plus loin.

Aussi, devra-t-il s'appuyer sur Troyes, et, les flancs couverts par la Seine et le plateau d'Othe, se porter sur Sens, puis sur Montargis, Château-Landon et Nemours : par conséquent, en dehors et sur le flanc de l'extrême droite de la ligne Mantes-Fontainebleau.

Il serait inutile d'insister sur la valeur défensive que peut avoir une pareille position.

Le rôle dévolu au camp de Paris doit être assurément tout autre que celui de servir de réduit à une armée battue ou d'appui à une armée combattante.

Après un désastre, Paris devient naturellement le nœud de toute la résistance : c'est son intervention dans la lutte qui donne les moyens de reprendre l'offensive en menaçant soit les flancs, soit les communications de l'ennemi; c'est Paris enfin qui empêche ce dernier de pousser plus avant et donne le branle aux derniers efforts.

Ce résultat sera atteint si les armées françaises savent manœuvrer, si elles se maintiennent à une certaine dis-

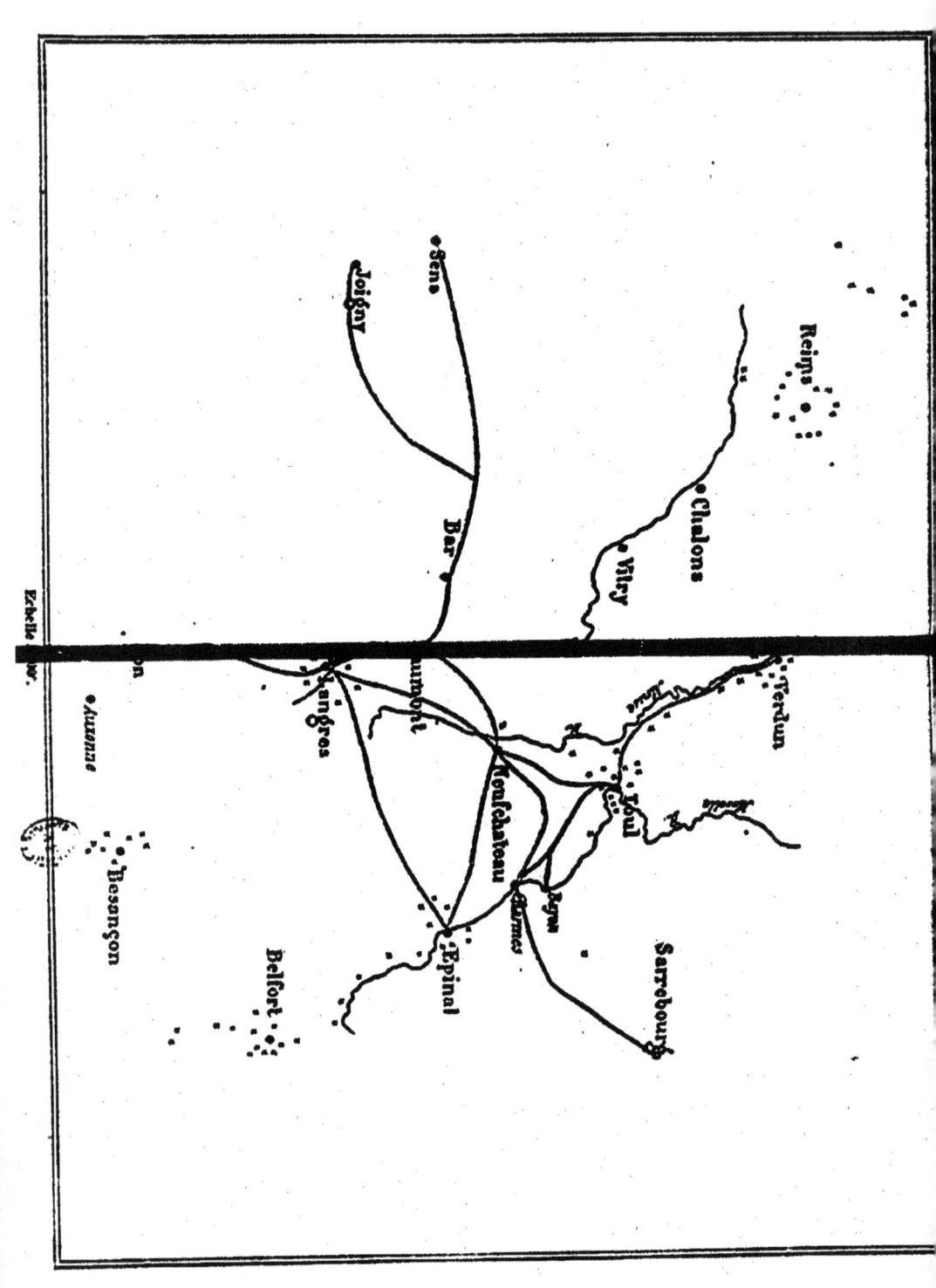

tance de cette place, de façon à laisser à sa garnison mobile une grande liberté d'allures, surtout si elles ne recherchent pas l'appui de ses fortifications.

Ainsi que nous l'avons dit, aux diverses armées françaises seront vraisemblablement opposées des armées allemandes de forces à peu près égales.

Mais l'équilibre sera rompu en faveur des Français, si l'ennemi est forcé d'éparpiller ses troupes pour assurer ses communications.

C'est ce qui résulterait d'excursions continuelles faites en dehors des camps retranchés, des places fortes et des forteresses, de marches et d'attaques imprévues, en un mot, d'une guerre de partisans faite sur une large échelle, par les garnisons mobiles laissées dans les camps-frontières.

On peut admettre, en effet, sans discussion, que les camps retranchés de Verdun, de Toul, d'Epinal, de Langres et de Reims sont à l'abri d'un coup de main, surtout dans une première campagne.

Peuvent-ils être mis dans l'impossibilité de nuire ? Oui ; mais dans un seul cas : si le gros des forces françaises s'y enferme.

Prenons la campagne à ses débuts.

Les Français battus sur la Haute-Moselle (vers Bayon et Charmes), ou sur la Meuse (vers Dun et Stenay) ou même sur ces deux lignes à la fois, se sont retirés vers Chaumont ou Châlons.

Si les camps retranchés ne renferment pas de troupes

mobiles, l'ennemi demeure entièrement libre de ses mouvements.

Dans le cas contraire, la prudence l'oblige à s'efforcer de les rendre inoffensifs, et pour cela, ou il les investit ou il les masque.

Investir la ligne Verdun-Toul, dont la longueur est de trois journées de marche, n'est pas possible. Même impossibilité pour la ligne Epinal-Belfort. Quant à Langres ou à Reims, il faudrait des armées de 200,000 hommes pour les investir.

Les masquer même serait fort difficile.

Pour fixer les idées, supposons que l'invasion se soit produite par la trouée Epinal-Toul et que l'armée française ait reculé vers Chaumont ou Bar-sur-Aube, laissant une division mobile (territoriale ou autre) dans chacun des camps retranchés, Verdun, Toul, Epinal et Langres.

Pour garder ses communications, l'ennemi se voit contraint d'opposer au camp de Toul deux divisions; car, à l'abri des forts de Meuse, la division de Verdun pourrait, à un moment donné, venir impunément renforcer la garnison de Toul.

De même pour le camp d'Epinal que pourraient rallier les troupes occupant Belfort.

Une autre division ennemie aurait encore à surveiller la place de Langres.

Ces mesures cependant seraient insuffisantes pour que l'ennemi fût sans crainte sur la sécurité de ses communications; ces divisions auraient bien la puissance de s'op-

Echelle au 500,000°.

poser aux attaques dirigées contre les derrières de l'armée envahissante, c'est-à-dire sur une direction déterminée, mais rien de plus.

En effet, quelles dispositions prendre pour contenir d'une manière absolue la garnison des camps et l'empêcher d'intercepter les convois ?

Exemple : Un convoi se dirige de Sarrebourg sur Neufchâteau, par Lunéville et Bayon.

Comme il court le danger d'être attaqué et par les divisions françaises de Toul et par celles de Verdun, d'Epinal ou de Belfort, sa sécurité exige qu'il soit accompagné d'au moins quatre divisions (une escorte plus faible serait exposée à une destruction imminente).

Les mêmes troupes qui servent à l'ennemi pour bloquer les camps sont-elles dans le cas d'assurer efficacement la marche des convois?

Non, car si ces troupes, pour aller à la rencontre de ces derniers, passent sur la rive droite de la Moselle, elles s'exposent à trouver, au retour, les ponts de Bayon et de Charmes occupés par les corps français sortis de Toul et d'Epinal, c'est-à-dire à se voir arrêter net avec leur convoi.

Si elles ne le font pas et attendent à Bayon et à Charmes, ces convois courent risque d'être enlevés avant d'arriver à la Moselle, à moins d'être escortés par quatre divisions venant d'Allemagne.

Ainsi donc, quatre divisions françaises nécessiteraient l'emploi sur la frontière de huit divisions ennemies.

Que l'armée envahissante soit à Sens ou à Troyes, et son ravitaillement devient problématique.

En effet, du moment où les troupes enfermées dans les camps ont la latitude d'évoluer dans toutes les directions, celles qui sont chargées de les neutraliser se trouvent contraintes d'escorter les convois jusqu'à destination (d'autant plus qu'elles auraient aussi à ramener les convois de blessés et de malades). Chacune de ces expéditions les mettrait en mouvement pendant 16 jours (aller et retour) et il faudrait que chaque fois elle conduisît les vivres et les munitions nécessaires pendant 16 jours à 500,000 hommes, soit un convoi d'environ 25,000 voitures et occupant 125 kilomètres de route (1).

Il est évident qu'un convoi pareil ne saurait être ni formé ni protégé d'une manière suffisante, et qu'il serait difficile d'imposer à des hommes et à des chevaux des marches continuelles aussi pénibles.

Des périodes de quatre jours de marche séparées entre elles par un jour de repos, et des effectifs de 1,800 voitures, paraissent être la limite maxima qu'on ne saurait, dans la conduite d'un convoi, transgresser sans péril.

Il s'ensuit que les convois devront être escortés par des troupes échelonnées de distance en distance et dont

---

(1) Il ne saurait être question des voies ferrées pour ravitailler l'armée ennemie, ces lignes étant rendues inutilisables par des forts d'arrêt et des camps retranchés.

l'importance numérique sera en raison inverse des chances d'attaque.

D'un autre côté, et pour les raisons énoncées ci-dessus, les premières troupes d'étapes qui auraient amené les convois de la frontière à Bayon et à Charmes, se trouvant immobilisées dans ces localités jusqu'au retour des divisions prises sur les corps d'observation, ne reparaîtraient que six à sept jours après; d'où nécessité, soit de faire des convois six fois plus forts, soit d'échelonner également des troupes sur la rive droite de la Moselle.

Si, au lieu de l'être par des divisions, nos camps étaient défendus par des corps d'armée, ce ne serait pas trop de l'armée envahissante tout entière pour garder ses communications.

Affaiblir le plus possible l'ennemi en le forçant à se morceler en détachements incapables de prendre part aux opérations décisives, tel est donc le but auquel on doit tendre après un désastre essuyé sur la frontière.

La défense ainsi comprise, il ne serait pas possible à l'ennemi de masquer d'une manière suffisante les camps de Paris et de Reims, tout en se conservant en même temps un avantage numérique marqué sur le gros de l'armée française; dans cette hypothèse, il chercherait vraisemblablement à en finir d'un coup avec notre armée principale, afin d'être libre ensuite de faire tête avec toutes ses forces à toutes les autres armées secondaires, cela avec la presque certitude de les écraser les unes et après les autres.

Ce serait donc faire le jeu de l'adversaire que de l'attendre et d'accepter prématurément le combat, alors que la victoire aurait pour conséquence de lui rendre sa liberté d'allures. Le combat pourra lui être offert, mais seulement au moment psychologique, lorsqu'il lui faudra revenir sur ses pas pour s'opposer aux attaques dirigées contre ses derrières par les corps mobilisés sortis de Paris et de Reims.

IV

Quelles routes peut suivre l'armée française après un désastre essuyé sur la frontière.

Quelle route devra suivre l'armée française en reculant? Où s'arrêtera-t-elle? A quel moment les places de Paris et de Reims entreront-elles en action?

Il est essentiel, pour résoudre la première de ces questions, de tenir compte des voies de communication, des ressources du pays à traverser, des lignes de défense propres à assurer l'ordre dans la retraite, et, surtout, de la nécessité de dégager les abords des camps retranchés.

Les voies de communication permettent la retraite par trois directions différentes:

1° Celle de Troyes ou d'Arcis-sur-Aube au Mans, par Nogent, Fontainebleau, Etampes et Chartres;

2° Celle de Troyes à Nogent-le-Rotrou, par Sens, Montargis, Orléans et Châteaudun;

3° Celle de Chaumont au Mans, par Châtillon, Tonnerre, Auxerre, Cosne, Bourges et Tours.

La direction de Troyes à Tours, par Orléans, doit être écartée, vu la pénurie des voies de communication à partir d'Orléans, vu aussi le manque de lignes défensives, et, enfin, parce que la route unique qui mène à Tours par l'une ou l'autre rive suit le talweg de la vallée.

La ligne d'Arcis-sur-Aube au Mans, par Chartres, est gardée, à son entrée, par les ouvrages de Nogent. Dans cette direction, on peut marcher sur quatre colonnes jusqu'à Fontainebleau ou Melun, puis sur deux colonnes jusqu'à Chartres. On a, de plus, l'avantage de traverser un pays fertile et de rencontrer trois bonnes lignes de défense successives : la Seine, l'Essonne et la Juine.

Cette direction serait donc excellente, si sa proximité du camp de Paris n'avait pour conséquence d'inutiliser les corps mobiles renfermés dans cette place, et d'éviter à l'ennemi l'embarras d'escorter ses convois sur une distance de 100 kilomètres au moins.

En effet, grâce à l'adoption de ce plan, l'armée d'investissement de Paris demeurant, sans effort, en contact avec le gros des forces allemandes qui tiennent la campagne, pourrait, à tout instant, soit lui envoyer des renforts, soit en recevoir; ce qui donnerait à l'ennemi une supériorité énorme dont il profiterait certainement pour accabler l'armée française qu'il aurait en tête.

D'un autre côté, les renforts et les convois destinés à l'armée d'opération seraient protégés dans leur marche, entre Montereau et Chartres, par l'armée d'investissement dont ils traverseraient les lignes.

La route de Chaumont à Bourges, par Auxerre, parcourt un pays accidenté, où les lignes de défense se rencontrent à chaque pas; ce sont notamment : la Marne, l'Aujon, l'Aube, l'Ource, la Seine, l'Armançon avec le canal de Bourgogne, le Serein, l'Yonne, l'Ouanne, le Loing et la Loire.

Les camps retranchés de Langres et de Dijon la commandent de Chaumont à Tonnerre.

A partir de Châtillon, la route se divise en deux tronçons qui franchissent la Loire, l'un à Cosne, l'autre à la Charité, et vont se rejoindre à Bourges.

Cette ligne de retraite est très forte. Elle permet, de plus, une défense pied à pied.

Deux routes à peu près parallèles conduisent de Troyes à Châteaudun, par Montargis. Après avoir enveloppé le plateau de la forêt d'Othe et franchi l'Yonne, l'une à Sens l'autre à Joigny, ces deux voies se rejoignent à Montargis pour s'écarter encore et courir toutes deux sur Orléans, par Châteauneuf et Sully.

Elles sont reliées l'une à l'autre par de nombreuses et belles voies transversales.

Les lignes de défense successives que l'on rencontre sur cette direction, sont : la Seine, l'Yonne, le Loing avec le canal de Briare, le canal et la forêt d'Orléans, enfin la Loire.

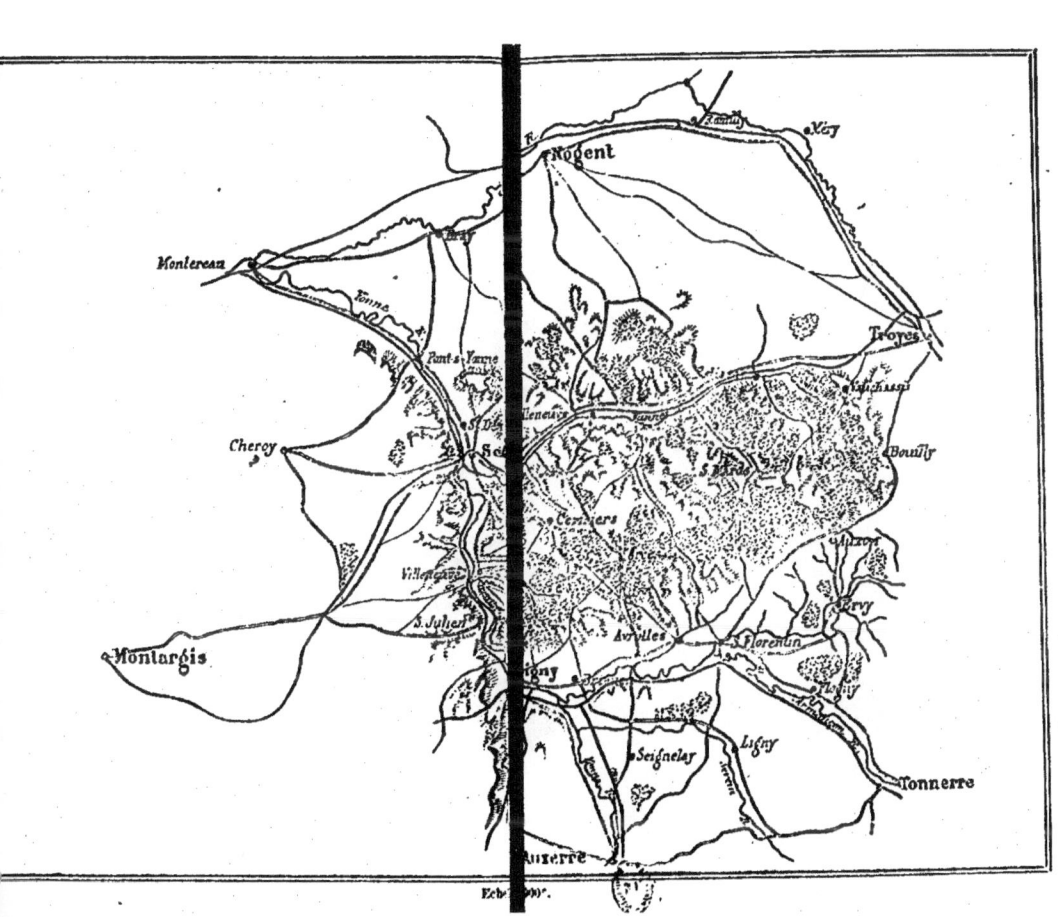

V

Plateau d'Othe et position de Nogent-le-Rotrou. — Sur quelle position l'armée française peut attendre l'ennemi après un premier échec. — Ligne de retraite après l'abandon de sa dernière position.

Les positions remarquables du plateau d'Othe et de Nogent-le-Rotrou occupent les extrémités de la ligne de défense.

Le plateau d'Othe, enfermé entre la Vanne, l'Yonne, l'Armançon et l'Armance, est une position défensive extrêmement forte et digne même d'être considérée comme le boulevard de la France, après des désastres essuyés sur la frontière.

L'occupation de ce plateau interdit à l'ennemi toutes les routes de la frontière à l'intérieur et protège efficacement les abords de Paris.

En effet, les routes conduisant dans les provinces centrales, sont :

1° La route d'Arcis-sur-Aube à Fontainebleau, barrée par les forts de Nogent;

2° Celle de Troyes à Orléans,
3° Celle de Troyes à Montargis, par Joigny, } qui bordent la position;

4° Celle de Saint-Florentin à la Loire, par Auxerre, qui débouche de la position;

5° Celle de Bar-sur-Aube à la Loire, par Auxerre, qui passe à 20 kilomètres du plateau;

6° Les routes divergeant de Dijon, et barrées par ce camp retranché.

D'un autre côté, l'accès de Paris demeurerait interdit à l'ennemi, car, tandis qu'il serait réduit à la seule route de Sezanne et forcé à cheminer entre les ouvrages de Nogent et d'Epernay, les armées occupant le camp de Reims et le plateau d'Othe auraient, elles, toute facilité pour opérer leur jonction sur ses derrières en une ou deux marches.

Le plateau d'Othe, mis en état de défense, serait inabordable. Il ne peut être attaqué ni sur ses flancs, ni sur ses derrières. Véritable trait d'union entre les camps de Reims, de Paris, de Dijon et de Langres, il permettrait de grouper encore une fois, pour concourir à une action décisive, toutes les forces vives de la France. La protection qu'il retirerait de la proximité de ces camps mettrait à peu près sûrement l'ennemi dans l'impossibilité de pousser une attaque à fond contre lui.

Une des particularités remarquables de cette position, c'est qu'elle est découpée de telle sorte, qu'on peut n'en occuper que ce que l'on veut sans que, pour cela, elle perde de sa force ou de son importance.

Le plateau d'Othe forme une sorte de rognon isolé, enceint par des cours d'eau. Il s'étend de l'E.-N.-E. à l'O.-S.-O.

Au Sud, il offre l'aspect d'une énorme muraille couronnée de forêts et rongée par de nombreux ravins. A l'Ouest, il forme une des tranches de l'étroite coupure au fond de laquelle serpente l'Yonne. Au Nord, il est tailladé par de longs ravins courant en majeure partie dans une même direction, et fouillant très profondément le plateau. A l'Est, ses pentes, quoique plus douces, sont encore difficiles ; elles n'offrent qu'un développement de 15 kilomètres ; Troyes et la Seine sont à 10 kilomètres de cette face.

La voie ferrée de Troyes à Sens en borde la partie Nord ; celle de Troyes à Saint-Florentin, les parties Ouest et Sud-Ouest.

A ces lignes de fer viennent aboutir : 1° celle de Paris à Sens; 2° celle de Montargis à Sens; 3° celles de Clamecy et d'Avallon à Joigny (Cheny); 4° celle de Dijon à Joigny (Cheny); 5° celle de Châtillon à Troyes; 6° celles de Châlons, de Reims, de Paris et de Montereau à Troyes.

Une route nationale passant par Troyes, Sens, Joigny et Saint-Florentin, contourne le plateau.

Les routes transversales d'Auxon à Paisy-Cosdon, de Saint-Florentin à Vilaines, et de Brienon ou d'Avrolles à Theil par Arces, coupent la position du Nord au Sud.

De nombreux chemins se rattachent à ces voies diverses.

La forêt d'Othe, épaisse et bien percée, couronne toutes les petites.

Il ressort de cet exposé que, seule, la partie Est pourrait être abordée avec quelque chance de succès.

Cependant, sur cette face, les lignes de défense sont nombreuses et fortes.

Ce sont :

1° La Seine, la Barse et la Melde qui confondent presque leurs eaux en avant de Troyes;

2° La lisière de la forêt d'Othe, barrée par les ravins de Messon et de Bouilly;

3° Le ravin de la source de la Vanne à Vauchassis et à Sommeval;

4° Le ravin du ruisseau de Lancre;

5° Le ravin du ruisseau de Nosle;

6° Les ravins de Berulles et de Fournaudin;

7° Le ravin de la fontaine d'Erable;

8° Le ravin de Cerisiers.

Toutes ces lignes, parallèles entre elles, ne sont séparées que par des plateaux de 2 à 5 kilomètres de largeur.

C'est donc, en somme, une position extrêmement sûre, parce qu'elle est extrêmement forte par elle-même.

D'autre part, le peu de moyens de communication qu'elle met à la disposition de l'ennemi, sa proximité de nos principaux camps retranchés, et enfin son étendue considérable (elle est le double de celle du camp de Paris) la mettent complètement à l'abri d'un investissement.

La position de Nogent-le-Rotrou est moins vaste et aussi moins forte, mais elle n'en constitue pas moins un abri précieux.

C'est un immense affouillement à pentes abruptes, que sillonnent de nombreux affluents de l'Huisne, et d'où émergent çà et là quelques montagnes rocheuses si irrégulièrement groupées qu'elles ne peuvent être rattachées à aucun système orographique.

Les voies ferrées conduisant de Chartres et d'Alençon au Mans, par Condé-sur-Huisne et Nogent-le-Rotrou, bordent cette position.

La route de Chartres au Mans est parallèle à l'Huisne et à la voie ferrée.

A cette route viennent s'embrancher : 1° Celle de Verneuil à Condé-sur-Huisne ; 2° celle d'Alençon à Nogent; 3° celle de Châteaudun à Nogent.

La route de Dreux au Mans par Bellême contourne la position.

Sérieusement fortifiée, la position de Nogent-le-Rotrou serait inexpugnable.

Ainsi, il y aurait tout avantage pour une armée française battue soit à la frontière, soit sur la Marne, à se replier sur Troyes et la forêt d'Othe.

Voyons dans quelle situation se trouverait, d'après cette hypothèse, chacun des partis adverses.

Sur le plateau d'Othe, à Reims et à Langres, seraient le gros et les ailes de l'armée française; à Paris et à Dijon, les réserves.

Les camps d'Epinal, de Toul et de Verdun menaceraient les communications de l'ennemi.

Admettons, — ce qui est conforme aux règles reçues, — qu'il se trouve 4 corps d'armée à Reims, 4 à Langres, 8 sur le plateau d'Othe, 2 à Dijon, 4 corps formés des 4e et 5e bataillons à Paris, 2 corps territoriaux à Verdun, 3 à Toul et 2 à Epinal; il resterait encore environ 550 bataillons pour garder les places fortes ou renforcer les armées.

Ainsi que nous l'avons déjà démontré, les garnisons mobiles des trois camps-frontières exigeraient l'emploi de forces ennemies trois fois plus considérables, soit 21 corps d'armée. Si l'on ajoute à ce chiffre celui des corps destinés à faire face aux diverses armées françaises, on arrive au total de 43 corps d'armée, c'est-à-dire à un effectif impossible à atteindre.

L'action des camps-frontières est donc prépondérante.

C'est leur rôle que devraient reprendre en grand, après un désastre, les camps de Paris et de Reims.

Admettons cependant que les Allemands nous opposent sur ce point des forces égales.

Leur objectif obligé sera alors la possession d'une voie ferrée qui leur permette de laisser le moins de troupes possible sur leurs derrières.

Or, seules deux lignes de fer pourraient leur convenir :

1° La ligne de Suippe à Orléans, par Châlons, Troyes et Sens;

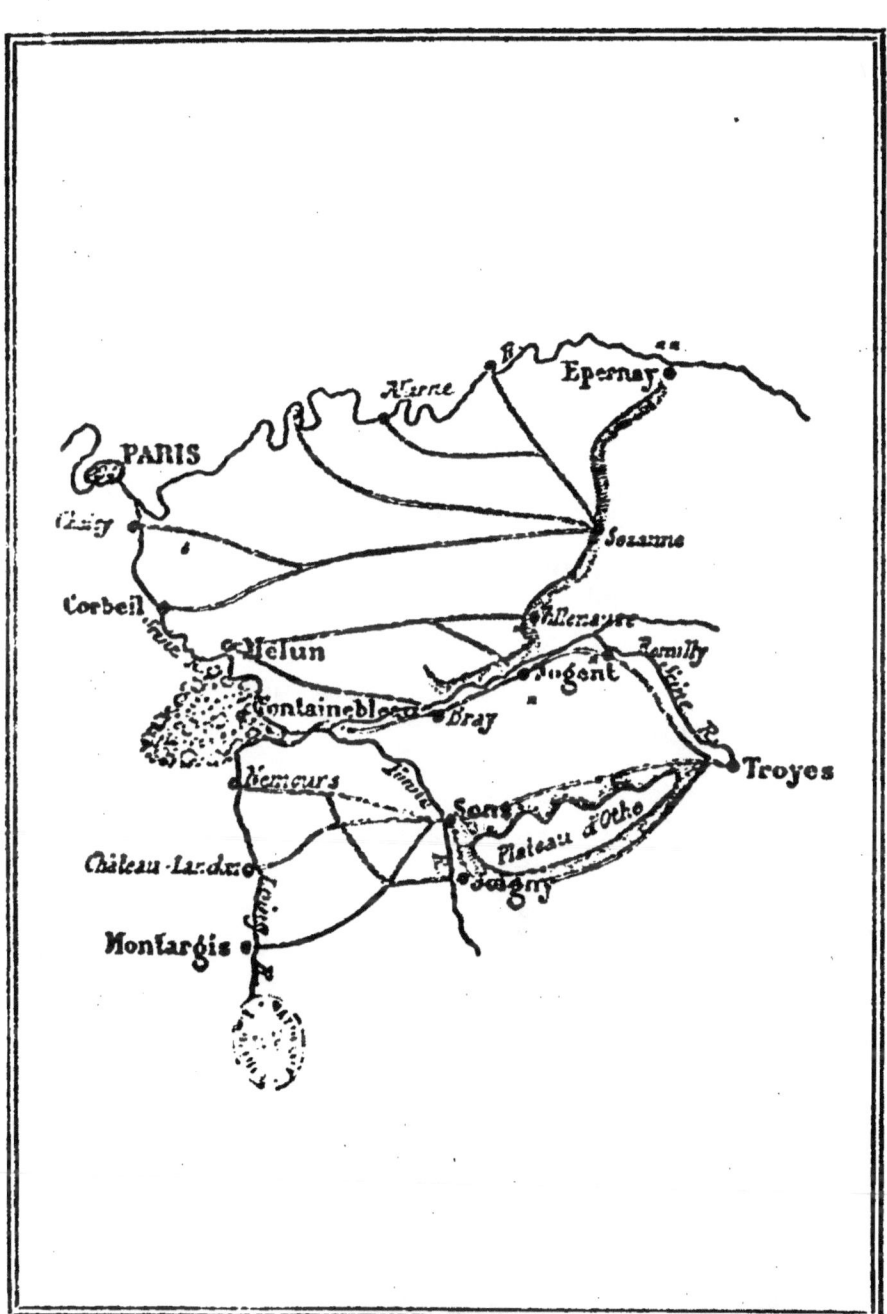

Echelle au 1,500,000°.

Camp retranché.

2° La ligne de Neufchâteau à Sens, par Chaumont et Troyes, ou par Chaumont, Châtillon et Joigny.

En conséquence, comme le plateau d'Othe se trouve à la soudure de ces diverses voies et commande ces lignes sur une longueur de 60 kilomètres, c'est sur cette position que les Allemands porteront toutes leurs forces.

Afin d'obtenir la supériorité numérique sur le gros de l'armée française, ils devront rappeler vers Troyes, Bar et Arcis, toutes les troupes qui ne seront pas strictement indispensables ailleurs, c'est-à-dire, affaiblir leurs ailes pour renforcer leur centre.

Ces dispositions prises, leur gros cherchera à forcer Troyes, tandis que leurs deux ailes menaceront Bar-sur-Seine et Méry.

Le jeu des armées françaises est alors clairement indiqué : l'armée de Langres se dirige sur Bar-sur-Aube, par Chaumont; le corps de Dijon se porte sur Châtillon-sur-Seine; l'armée de Paris débouche par Sezanne ou Nogent, celle de Reims par Arcis-sur-Aube, pendant que le gros fait tête à l'ennemi sur le plateau d'Othe. L'issue d'une lutte engagée dans de telles conditions ne saurait être douteuse.

C'est de l'action du camp de Paris surtout que le plateau d'Othe tirerait sa principale force.

Les corps mobiles de la capitale disposeraient de dix routes pour déboucher sur le flanc droit de l'ennemi ou pour se porter sur ses derrières.

Savoir :

1° La route de Nogent à Troyes, par Romilly, voie couverte par la Seine;
2°   —   de Nogent à Troyes, par Saint-Aubin;
3°   —   de Nogent à Troyes, par Prunay;
4°   —   de Nogent à Aixe-en-Othe, par Villemaur;
5°   —   de Nogent à Villeneuve-l'Archevêque, par Marcilly;
6°   —   de Nogent à Cerisiers, par Thorigny;
7°   —   de Jaulnes à Sens;
8°   —   de Bray à Villeneuve-l'Archevêque, par Thorigny;
9°   —   de Bray à Sens;
10° —   de Montereau à Sens.

En outre, la route de Coulommiers à Arcis, par Sezanne, leur donnerait accès sur les derrières mêmes de l'ennemi.

Trois voies ferrées, non exposées, permettraient aux troupes de Paris de renforcer en quelques heures le plateau d'Othe.

Ce sont:

La ligne de Paris à Nogent, par Nangis;

La ligne de Paris à Sens et à Troyes ou à Nogent, par Montereau;

La ligne de Paris à Sens et à Troyes, par Corbeil, Malesherbes et Montargis.

Par Sezanne, la garnison de Paris se réunirait au nord d'Arcis à l'armée sortie de Reims, soit pour tomber avec elle sur les derrières de l'ennemi, soit pour couper en deux l'armée allemande, en rejetant sur Brienne et sur

Joinville les corps ennemis qui n'auraient pas encore passé la Seine, soit pour intercepter les communications de l'armée envahissante.

Par Nogent, trois routes la mèneraient à Troyes, sur le flanc de l'ennemi qu'elle forcerait à s'adosser à la Seine, s'il avait déjà franchi ce fleuve.

Les autres routes la conduiraient sur le flanc de l'armée allemande, dans le cas où celle-ci aurait emporté les premières défenses du plateau.

Ainsi donc, par Sezanne, c'est une offensive décidée que les troupes de Paris, unies à celles de Reims, impriment aux forces françaises; par Nogent, elles permettent encore une marche offensive au gros, en forçant les Allemands à repasser la Seine sur le seul pont de Troyes; par les autres directions, elles prennent de flanc l'ennemi ou renforcent l'armée de défense.

En admettant que la principale armée française ait été forcée dans sa position du plateau d'Othe, il faut distinguer deux cas : ou bien les troupes occupant les camps retranchés voisins se seraient engagées à fond pendant l'attaque; ou bien elles n'auraient pris qu'une offensive peu décidée et seraient à peine entamées.

Dans la première hypothèse, ces troupes, rentrées dans leurs forts pour s'y reformer et y reconstituer leurs effectifs, ne seraient en état de reprendre la campagne qu'après quinze à vingt jours de repos.

Dans la seconde, il y aurait peu de fonds à faire sur elles; tout au plus, serait-on en droit d'en attendre une protection efficace pendant que s'opèrerait le mouvement de retraite.

Les conséquences de la perte du plateau d'Othe seraient l'isolement de Paris et l'éparpillement de la défense.

Pour franchir l'Yonne, l'armée française en retraite disposerait des moyens suivants :

Bacs de Saint-Denis; viaduc de la voie ferrée; pont de Sens; pont de Villeneuve; pont de Villevallier; pont de Joigny; pont de Cheny.

De plus, des ponts de bateaux pourraient être établis à Saint-Martin-du-Tertre, au faubourg Saint-Didier (Sens), à l'ouest du faubourg Saint-Pregts (Sens), près des moulins du Roi (Sens), à Paron, à Etigny et au Port de Marsangy.

Les moyens de passage seraient donc largement suffisants.

Quant aux voies de retraite, elles sont nombreuses.
On trouve en effet :

1° La route de Saint-Denis à Cheroy;
2° — de Sens à Château-Landon;
3° — de Sens à Ferrières, par Domats et Rozoy-le-Vieil;
4° — de Sens à Montargis;
5° — de Paron à Ferrières, par Egriselle, Domats et Ervauville;
6° — d'Etigny   ⎱ Ces deux routes vont se
7° — de Marsangy ⎰ relier toutes les deux aux deux précédentes;

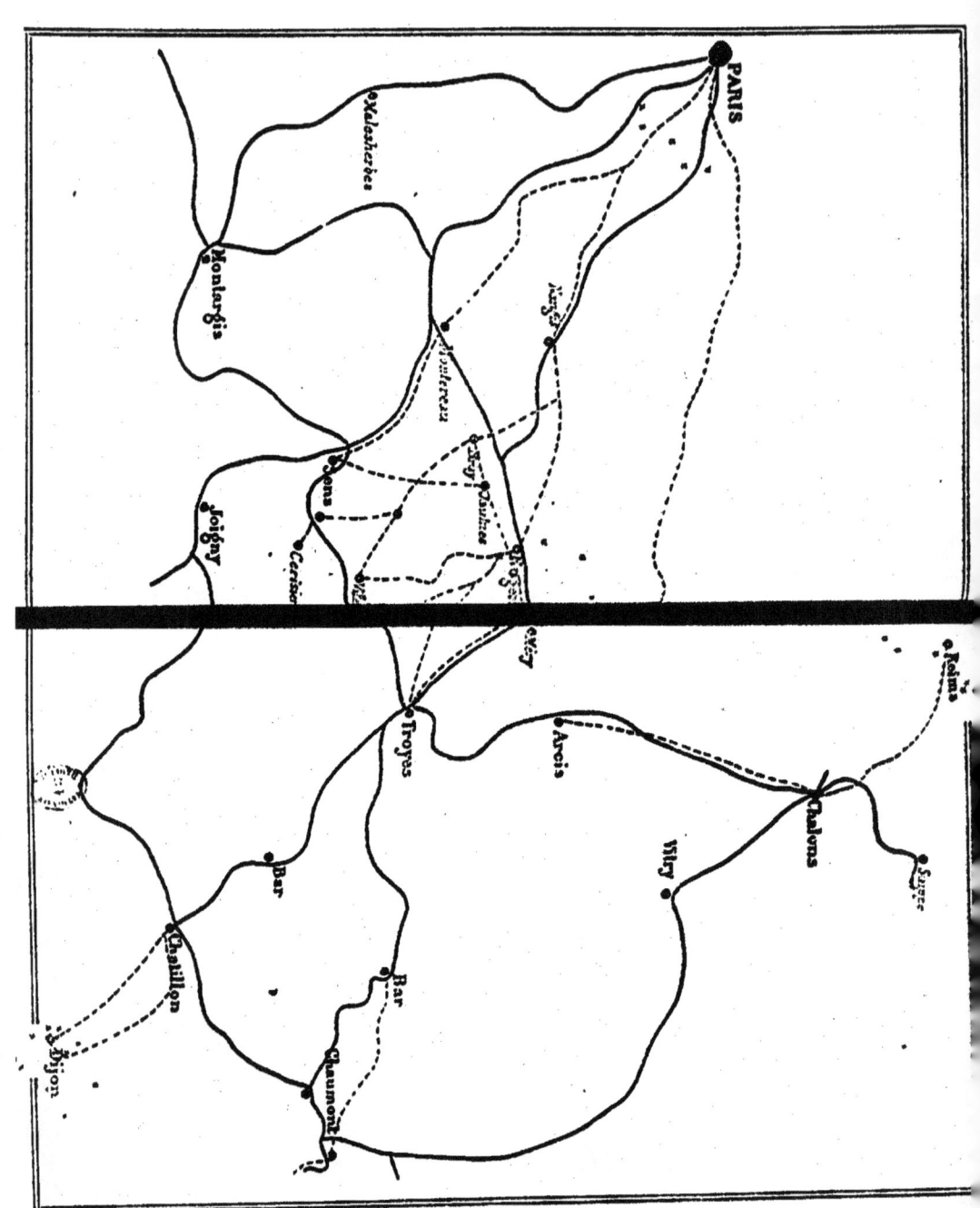

8ᵉ La route de Villeneuve à Courtenay;
9ᵉ — de Villevallier à Courtenay
10ᵉ — de Joigny à Montargis;
11ᵉ — Enfin celle de Cheny qui se soude à la précédente.

La rive gauche de l'Yonne, élevée, escarpée, difficile, offre des positions très avantageuses pour une armée en retraite. En tirant un parti intelligent des hauteurs du Tholon, cette armée pourrait même, avec des chances heureuses, livrer de nouveaux combats.

A une courte marche en arrière, le défilé de Courtenay, flanqué à droite et à gauche par les bois et par les étangs de Domats et de Montcorbon, permet une bonne résistance.

Plus loin, la forêt de Montargis, bordée par le Biez, le Loing et l'Ouanne, constitue une très forte position, en arrière de laquelle le Loing et son canal offrent encore d'excellents points d'appui.

De la ligne du Loing, quatre routes mènent à Orléans et à Châteaudun. Ce sont :

Les deux routes de Montargis à Orléans, par Châteauneuf;

La route de Château-Landon et Nargis à Orléans, par la forêt;

La route de Château-Landon à Pithiviers.

La forêt et le canal d'Orléans, avec les étangs qui les bordent, forment encore une bonne ligne de défense.

Ensuite, c'est la ligne du Loir et le plateau rocheux de Châteaudun.

Puis, vient la position de Nogent-le-Rotrou.

Lorsque le gros de l'armée française arriverait sur cette dernière position, les corps battus sur le plateau d'Othe, lesquels auraient dû rentrer dans les camps retranchés pour s'y reformer, pourraient être considérés comme en état de reprendre la campagne. Bien employées, ces troupes fermeraient complètement la retraite à l'ennemi.

Les contenir ne serait guère possible.

En résumé, du moment où quatre corps mobiles (soit 150,000 hommes) sont renfermés dans Paris, cinq corps allemands sont nécessaires pour bloquer cette place.

Dans ces conditions, on peut admettre que nos deux corps d'armée du camp de Reims, couverts par les forts d'Epernay et la rivière d'Aisne, pourraient alors, sans aucun risque, marcher sur Paris et nous assurer ainsi la supériorité numérique pendant cinq ou six jours, d'autant plus que l'armée d'investissement serait dans l'impossibilité matérielle de rallier toutes ses forces assez à temps.

Chercher à renforcer cette armée serait une faute, car les troupes que l'adversaire dirigerait sur Paris arriveraient fatalement trop tard pour prendre part à l'action, et courraient, de plus, le risque de se heurter aux corps français déjà victorieux.

Les armées de Paris et de Reims, réunies, chasseraient facilement devant elles les corps ennemis employés à masquer les autres camps retranchés, et forceraient ainsi le gros des forces allemandes à la retraite.

Sur l'échiquier de défense ainsi établi, chacune de nos armées nationales a sa mission bien définie.

Les corps de Verdun, de Toul et d'Epinal sont chargés de réduire considérablement l'effectif de l'armée ennemie d'opération, en forçant cette armée à échelonner des forces considérables sur ses communications ; les camps de Langres et de Dijon obligent l'adversaire à continuer au loin cet éparpillement de forces; le gros de l'armée française, en reculant et en prenant position bien en arrière, empêche l'armée principale allemande de soutenir les troupes chargées de bloquer la capitale; les armées de Paris et de Reims, en faisant jonction et en se portant contre ces dernières, manœuvrent pour dégager les autres camps retranchés.

Une défense passive, ou faite par fractions opérant chacune pour son propre compte, ne mènerait à rien.

IIᵉ PARTIE.

ÉTUDE DU PAYS.

CHAPITRE Iᵉʳ.

Coup d'œil d'ensemble sur la région de Paris.

§ 1ᵉʳ. — DIVISION DE LA RÉGION DE PARIS EN SECTEURS

La région de Paris comprend la partie inférieure et moyenne des principaux bassins secondaires de la Seine.

Cette région peut être, géographiquement, divisée en sept parties, savoir :

1° Les pays compris entre Seine et Oise ;
2°   —   entre Oise et Marne ;
3°   —   entre Seine et Marne ;
4°   —   entre Yonne et Seine ;
5°   —   entre Loing et Yonne ;
6°   —   entre Essonne et Loing ;
7°   —   entre Eure et Seine.

Chacun de ces pays a une physionomie particulière qu'il importe de connaître si l'on veut se faire une idée exacte de l'ensemble de la région.

§ II. — VOIES FERRÉES.

De Paris, quatorze voies ferrées, raccordées par quatre lignes de ceinture, rayonnent dans toutes les directions.

Ce sont les lignes :

1° De Paris-Amiens, par Creil, Clermont et Saint-Just;

2° De Paris-Tergnier, par l'Isle-Adam, Beaumont, Creil, Compiègne et Chauny;

3° De Paris-Laon, par Crépy, Villers-Cotterets, Soissons et Ancy-le-Château :

4° De Paris-Epernay, par Lagny, Meaux, la Ferté-sous-Jouarre, Château-Thierry et Dormans;

5° De Paris-Troyes, par Gretz, Guignes, Nogent-sur-Seine et Romilly;

6° De Paris-Joigny, par Melun, Montereau et Sens;

7° De Paris-Montargis, par la Ferté-Alais et Malesherbes;

8° De Paris-Orléans, par Etampes;

9° De Paris-Châteaudun, par Limours, Auneau et Voves;

10° De Paris-Chartres, par Versailles, Rambouillet et Maintenon;

11° De Paris-Dreux, par Néauphle;

12° De Paris-Rouen, par Meulan, Mantes et Vernon;

13° De Paris-Neufchâtel, par Pontoise, Gisors et Gournay;

14° De Paris-Blargies, par Beaumont et Beauvais.

Les lignes de ceinture sont :

1° La petite ceinture, qui court dans l'intérieur de Paris;

2° La grande ceinture passant par Poissy, Argenteuil, le Bourget, Rosny, Champigny, Sucy, Villeneuve-Saint-Georges, Juvisy, Palaiseau, Versailles et Saint-Germain;

3° Les voies ferrées joignant Vernon, Gisors, Beauvais, Creil, Crépy, Villers-Cotterets, Trilpore, la Ferté-sous-Jouarre, Coulommiers, Melun, Etampes, Auneau, Chartres, Maintenon, Dreux et Pacy;

4° Les voies ferrées reliant entre elles les seize villes ci-après: Rouen, Amiens, la Fère, Laon, Reims, Epernay, Sezanne, Romilly, Troyes, Sens, Montargis, Orléans, Chartres, Dreux, Evreux et Louviers.

A l'Est, une grande ligne demi-circulaire va de Compiègne à Montargis, par Soissons, Braine, Château-Thierry, Montmirail, Provins, Montereau et Nemours.

Diverses autres lignes se rattachent aux précédentes; les principales d'entre elles relient les villes ci-après, savoir:

Gisors à Pont-de-l'Arche (avec embranchement sur les Andelys);

Beauvais à Gournay;

Amiens à Saint-Omer-en-Chaussée;

Beauvais à Clermont;

Bresle à Péronne, par Saint-Just et Montdidier;

Chauny à Anizy-le-Château;

Chauny à Saint-Gobain;

Soissons à Rethel;

Laon à Braine;

Soissons à Reims;
Reims à Dormans;
Ws à Rambouillet, par Meulan et Néauphle;
Mantes à Evreux, par Rueil;
Brétigny à Auneau;
Malesherbes à Orléans;
Gretz à Coulommiers;
Lagny à Montcerf;
Esbly à Coulommiers;
Villiers-Saint-Georges à Sezanne;
Pontoise à Poissy;
Versailles à Argenteuil;
Palaiseau à Choisy;
Sucy à Brie-Comte-Robert;
Luzarches à Moisselles.

§ III. — VOIES DE TERRE.

De même que les voies ferrées, toutes les routes de la région se rendent à Paris et sont reliées par des ceintures.

Les principales d'entr'elles sont :

1° Route nationale de Paris à Amiens, par Luzarches, Clermont et Breteuil, avec embranchement de Saint-Just à Roye;

2° Route nationale de Paris à Péronne, par Senlis, Pont-Sainte-Maxence et Roye, avec embranchement de Senlis à Ham et à la Fère, par Compiègne et Noyon;

3° Route nationale de Paris à Laon, par Dammartin,

Villers-Cotterets et Soissons avec embranchements de Dammartin et de Villers-Cotterets à Meaux, de Soissons à Château-Thierry, et de Soissons à Reims;

4° Route nationale de Paris à Epernay, par Meaux et la vallée de la Marne, avec embranchements d'Epernay à Reims et à Champaubert;

5° Route départementale de Paris à Sezanne, par Lagny et Coulommiers, avec embranchements de Sezanne à Champaubert et à Nogent-sur-Seine, de Crécy à Guignes, et de Charenton à Esternay, par Rosoy;

6° Route nationale de Paris à Troyes, par Brie, Guignes, Provins et Nogent, avec embranchements de Châtres à Arcis-sur-Aube, et de Troyes à Châlons;

7° Route nationale de Paris à Joigny, par Melun, Fontainebleau et Montereau, Sens et Villeneuve, avec embranchements de Brie à Melun, de Melun à Nangis, de Montereau à Nogent-sur-Seine, et de Sens à Troyes;

8° Route nationale de Paris à Montargis, par Corbeil, Fontainebleau et Nemours, avec embranchements de Montargis à Sens, à Auxerre et à Orléans; de Fontainebleau à Orléans, par Pithiviers; de Corbeil à Malesherbes et à Etampes;

9° Route nationale de Paris à Orléans, par Etampes, avec embranchements d'Etampes à la Ferté, Alais et Ablis; d'Artenay à Chartres, de Thoury à Pithiviers, et d'Orléans à Chateaudun;

10° Route départementale de Paris à Chartres, par Ablis, avec embranchement d'Ablis à Rambouillet;

11° Route nationale de Paris à Chartres, par Versailles et Rambouillet, avec embranchement de Maintenon à Dreux;

12° Route nationale de Trapes à Dreux, par Houdan, avec embranchement de Houdan à Mantes;

13° Route nationale de Paris à Evreux, par Meulan, Mantes et Pacy, avec embranchement de Pacy aux Tilliers, par Vernon;

14° Route nationale de Paris à Rouen, par Pontoise, avec embranchement d'Ecouis à Gisors;

15° Route nationale de Paris à Forges, par Gisors et Gournay, avec embranchement de Gisors et de Gournay à Beauvais, et de Gournay à Montdidier;

16° Route nationale de Paris à Abbeville, par Beauvais, avec embranchement de Beauvais à Clermont.

CHAPITRE II.

Pays compris entre la Seine et l'Oise.

§ I. — HYDROGRAPHIE.

Cours de l'Oise. — L'Oise entre dans la région de Paris vers la Fère; elle suit une direction générale N.-E. S.-O., jusqu'à sa rencontre avec la Seine près de Conflans.

La vallée de l'Oise est le chemin naturel de toute armée d'invasion se portant sur Paris après avoir débouché par la Belgique.

Le camp retranché de la Fère occupe le seuil des hauteurs qui couvrent la vallée moyenne et inférieure de l'Oise; il garde la lisière nord de la forêt de Saint-Gobain.

En cas d'attaque par la trouée de Chimay, la Fère sert de pivot aux premières opérations.

De la manière dont sera comprise alors la défense de cette contrée dépendra, en grande partie, l'issue de la campagne.

Position couverte par l'Oise et appuyée au camp de la Fère et de Maubeuge. — Mais avant de pénétrer plus avant, nous croyons utile de rappeler ici que l'idée qui a prévalu avant 1870 dans les conseils de la Prusse (idée qui, du reste, prévaut encore aujourd'hui dans tous les plans de campagne du Grand Etat-Major allemand,) consiste à séparer en deux tronçons les forces de la défense, puis à en rejeter une partie sur Paris, une autre sur le Nord, afin d'empêcher ainsi les armées de secours d'intervenir dans la lutte engagée sur ce point.

Si certains auteurs militaires, dont je ne veux pas faire ici le procès, avaient su pénétrer les intentions de nos ennemis et supputer judicieusement les conséquences de l'accomplissement de leurs projets d'invasion, ils n'auraient jamais proposé, comme lignes de défense, l'Oise avec les canaux du Crozat et de Saint-Quentin.

Il faut avouer, cependant, qu'elle est réellement forte, cette position couverte par l'Oise et flanquée à chacune de ses extrémités, d'un côté par les places du Nord, de l'autre par le camp de la Fère. Affectant la forme d'une immense tenaille, elle a l'avantage de contraindre à un grand déploiement de forces sur les ailes l'assaillant qui chercherait à en atteindre le centre.

Battre l'armée française sur cette position, ce serait paralyser la résistance du reste de la France, ainsi que je l'ai déjà dit. Un autre avantage marqué que retireraient les Allemands d'un premier succès acquis dans de pareilles conditions, ce serait la possession de la voie ferrée

Echelle au 630.000°

Cologne-Liége-Charleroi-Mariembourg-Anet, susceptible de desservir leurs armées pendant les premiers jours; cette ligne, une fois Avesnes et Landrecies réduits au silence et Maubeuge masqué, pourrait facilement être prolongée jusqu'à Paris, par Saint-Quentin, Saint-Simon et Ham.

Examinons donc la force de résistance de la position couverte par l'Oise et appuyée au camp de la Fère et de Maubeuge.

Vu son immense développement (elle occupe 65 à 70 kilomètres de pays), elle exige pour sa défense l'emploi d'une armée de 200,000 hommes, sans compter, bien entendu, les garnisons mobiles des camps de Maubeuge, de la Fère, de Laon et de Reims, lesquelles en porteraient, de fait, l'effectif à 400,000 hommes.

De la Fère à Verly (Guise), l'Oise, bordée par le canal de la Sambre, conserve une direction S.-O. N.-E.

A Verly, elle fait un crochet assez accentué, mais cela importe peu, car, à partir de ce point, sa vallée n'a plus aucune importance.

Le canal de la Sambre, conservant sa direction première, longe le Noirieu jusqu'à Boué, puis, quelques kilomètres plus loin, rencontre la Sambre.

La forêt de Nouvion, qui se trouve à dix kilomètres à l'Est de Boué et d'Oisy, renferme les sources du Noirieu et de la Sambre.

En arrière de la ligne de l'Oise et parallèlement à ce cours d'eau, s'étend le plateau de Saint-Quentin.

Voici maintenant les routes qui desservent cette région :

1° La route de la Capelle à Fesmy, par la forêt de Nouvion ;

2° Le chemin de Nouvion à Etreux ;

3° La route de la Capelle à Guise et à Longchamps ;

4° La route de Vervins à Guise ;

5° Le chemin de Lugny à Guise ;

6° La route de Marle à Guise ;

7° Le chemin de la Hérie à Saint-Quentin, par Origny ;

8° Le chemin de Crécy à Ribemont.

Marle et Crécy se trouvant trop rapprochés de Laon, le fort de l'attaque ne peut être dirigé que sur Guise et Nouvion. Cette hypothèse est d'autant plus plausible que l'ennemi disposerait, pour masquer sa marche, des bois et des forêts qui recouvrent les pays d'Aubenton, de Guise et de Nouvion.

La défense pourrait être à peu près passive le long de l'Oise, tandis que les troupes occupant les camps de Maubeuge, de la Fère et de Laon chercheraient à déborder les flancs de l'adversaire.

Cette position est donc remarquablement forte.

Mais, l'ennemi ne pouvant guère attaquer que vers Guise et Nouvion, l'armée française, en cas de défaite, crèverait par le centre. Les troupes occupant la ligne Fesmy-Etreux seraient alors rejetées sur Landrecies, et les corps placés entre Etreux et Guise, poussés sur le Cateau et sur Cambrai. Quant à l'aile droite, elle ne pourrait se retirer que sur Ham et Saint-Quentin.

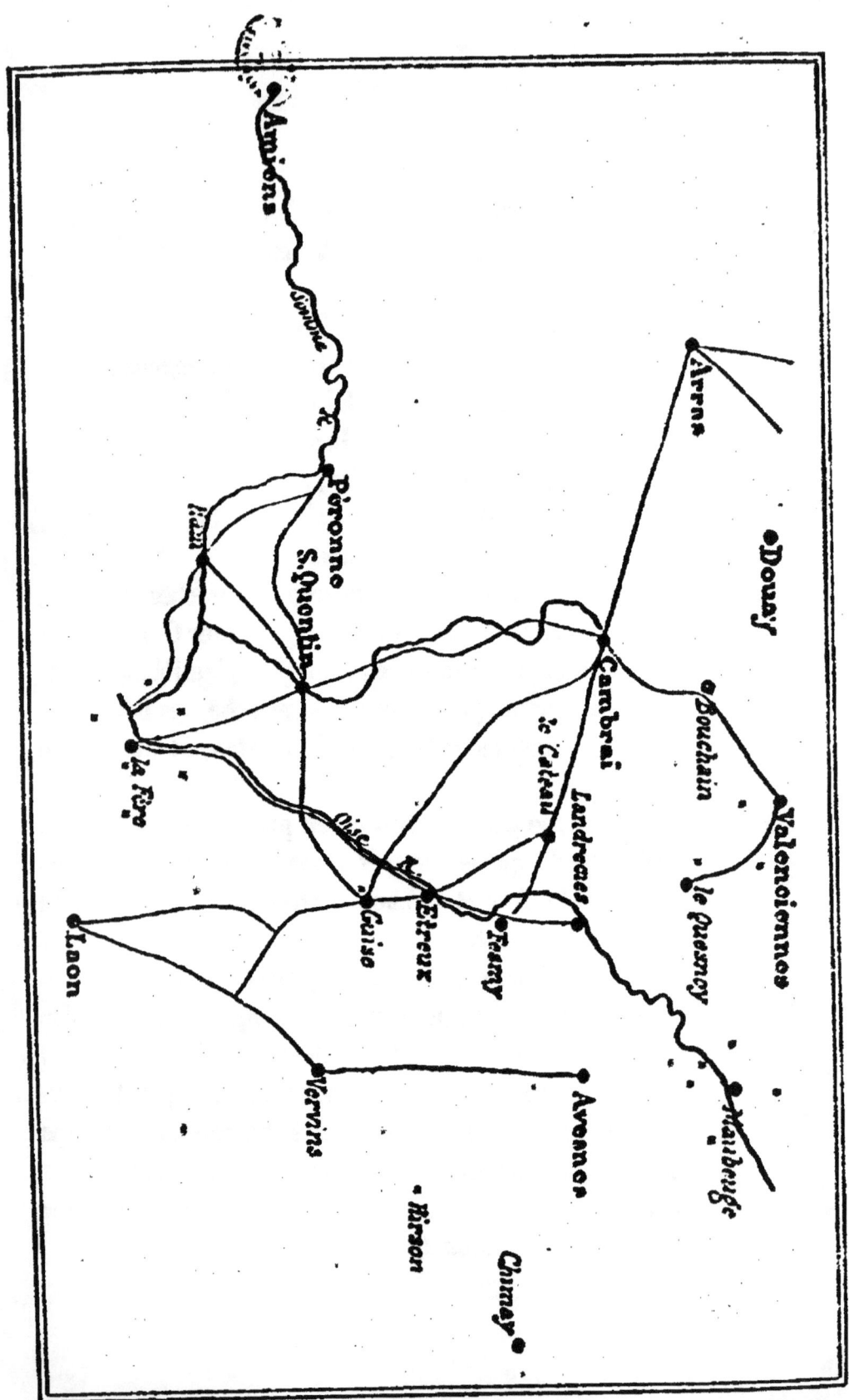

L'armée française ne serait pas alors assez disloquée pour être hors d'état de réunir ses tronçons à Amiens, en se couvrant du canal de Saint-Quentin. Mais, cette nouvelle position abandonnée, la ligne de la Somme n'aurait plus aucune valeur, car, entre Ham et Péronne, une dizaine de ponts faciliteraient à l'ennemi le passage de la rivière.

La retraite ne serait donc plus possible que sur Arras et Lille.

Conclusion : il serait imprudent d'attendre un choc décisif derrière l'Oise.

Cependant, si le gros de l'invasion s'avançait par cette trouée, force serait bien de s'opposer à sa marche ; mais c'est, croyons-nous, d'une toute autre manière qu'il faudrait opérer.

Supposons que rien n'arrête de front les progrès de l'envahisseur et que la ligne de l'Oise soit laissée sans défense. Que ferait alors l'ennemi? S'il se rabattait sur les places du Nord, il se verrait réduit à une guerre de sièges faite au milieu d'un dédale de rivières, de canaux, d'inondations et de forteresses. Quant à se porter dans la vallée de la Somme, il n'y doit pas songer ; ce serait en effet le comble de l'imprudence, car il ne pourrait effectuer ce mouvement sans abandonner ses communications aux garnisons de Maubeuge et de la Fère. En outre, il serait exposé, au cas où il voudrait se tirer de cette souricière, à rencontrer derrière le canal de Saint-Quentin, puis derrière l'Oise, sur son front en même temps que sur ses flancs, des armées sur lesquelles il lui faudrait passer.

De la Fère à Chauny, l'Oise est bordée au S.-E. par le plateau sur lequel s'étale la forêt de Saint-Gobain, et au N.-O. par les pentes adoucies de la vallée du Brouage.

Le canal de l'Oise à Manicamp, la route de Vervins à Noyon, ainsi que la ligne de Paris à la Fère, courent sur la rive droite de la rivière.

A Tergnier, c'est-à-dire à peu près à mi-chemin de la Fère et de Chauny, un embranchement venant de Laon se soude à la voie principale; un peu plus au Nord, vers Jussy, se détache de cette dernière une ligne conduisant à Amiens.

Chauny est bâti sur la rive droite de l'Oise, au débouché de la vallée du Brouage, près de la corne N.-O. de la forêt de Saint-Gobain.

De bonnes routes font communiquer cette ville avec la Fère, Saint-Quentin, Ham, Noyon, Soissons et Laon par Coucy et Anizy.

Au cas où il serait nécessaire d'occuper la forêt de Saint-Gobain, Chauny devrait être transformé en tête de pont au moyen d'ouvrages de campagne.

On se ménagerait ainsi un passage sur l'Oise, et on fermerait la vallée de la Lette qui contourne la forêt de Saint-Gobain.

De Chauny à Noyon, l'Oise coule dans une vallée assez élevée à droite, mais à gauche très basse, couverte de bosquets et fort peu déclive.

La montagne de Noyon, boisée et difficile, domine le versant nord de la vallée jusqu'à Chauny; occupée par l'ennemi, elle interdirait aux Français le passage de l'Oise à Chauny et à Noyon.

Noyon est situé sur la rive droite de l'Oise, au débouché de la vallée de la Verse, entre deux massifs montagneux.

Des routes relient cette ville à Chauny, à Ham, à Montdidier, à Compiègne, à Villers-Cotterets, à Soissons et à Coucy.

De Noyon à Compiègne, la vallée est très resserrée à droite, et large de 5 à 6 kilomètres à gauche. Des coupures étroites au fond desquelles coulent la Divette, le Matz et l'Aronde, sillonnent, du Nord au Sud, une montagne bizarrement découpée, tailladée à grands pans, boisée en partie et en partie rocailleuse, qui s'étend de Montdidier jusqu'aux bords de l'Oise.

De l'autre côté de la rivière, des bois épais et souvent marécageux s'étalent dans une plaine basse, avant d'aller couronner le brusque ressaut de terrain qui sépare l'Oise de la vallée de l'Aisne.

L'Aisne se jette dans l'Oise à ? kilomètres en amont de Compiègne.

Entre l'Aronde et le Matz se trouvent quelques rognons montagneux tels que les monts Ganelon, de Cumont, etc. Ces hauteurs se dressent brusquement dans des plaines basses qu'elles commandent souvent de 100 mètres.

Au confluent de l'Aisne, s'étend la forêt de l'Aigue que prolonge, au Sud, la forêt de Compiègne.

Il existe un bac à Montmarcq, un autre près du Plessis-Brion et un pont de pierre entre Choisy et Clairoix.

Compiègne est bâtie sur la rive gauche de l'Oise; elle a la forme d'un triangle; les faubourg de Saint-Lazare et de Saint-Acroupy touchent la forêt.

Compiègne est commandée par toutes les hauteurs de la rive droite, mais principalement par le mont Ganelon.

Dans l'hypothèse qu'une armée française aurait à défendre la ligne de l'Oise, il serait indispensable d'occuper cette dernière montagne qui constitue une position importante, non seulement à cause de son commandement sur la ville, mais encore parce qu'elle domine le pont de Clairoix par où l'ennemi, couvert par l'Aisne, pourrait se porter sur les derrières de la forêt.

Compiègne communique par de bonnes routes avec Noyon, Roye, Montdidier, Clermont, Creil, Senlis, Crépy, Villers-Cotterets, Soissons et Laon.

De Compiègne à Pont-Sainte-Maxence, l'Oise, grossie de l'Aisne, coule jusqu'à Rivecourt dans une vallée très resserrée à droite, mais qui s'épanouit au contraire sur la rive gauche tout le long de la forêt de Compiègne. A partir de Rivecourt, le versant de droite s'affaisse brusquement et devient marécageux, tandis que, du côté opposé, les pentes se redressent jusqu'à devenir abruptes. Le mont Pagnotte borne l'horizon de ce côté.

La rivière d'Automne se jette dans l'Oise un peu au Nord de Verberie.

Les moyens de passage sont : bacs à la Mercière-au-Bois et à Jaux; ponts de pierre au Port-de-la-Croix et à

Saint-Ouen; bac à Rivecourt; ponts de pierre à Verberie et à Pont-Sainte-Maxence.

La petite ville de Pont-Sainte-Maxence occupe les deux rives de l'Oise. Elle ne se compose guère que d'une seule rue. Les faubourgs de Flandre, du Moncel, de Saint-Paterne et de Mimbertin sont plus importants que la ville elle-même.

De Pont-Sainte-Maxence, de bonnes routes se dirigent sur Montdidier, Compiègne, Senlis, Creil et Clermont.

La forêt d'Halatte sépare Pont-Sainte-Maxence de Senlis.

A partir de Pont-Sainte-Maxence, la rive droite est basse jusqu'à Brenouille. De ce village à Creil se dressent les derniers contreforts de la montagne de Liancourt.

La Brèche se jette dans l'Oise près de Creil.

La rive gauche, large d'un kilomètre tout au plus, est bordée par des berges capricieusement fouillées que couronne la forêt de Halatte.

Aucun moyen de passage entre Creil et Pont-Sainte-Maxence.

Creil est bâti sur la rive gauche de l'Oise, au pied des collines qui forment le premier plan de la Haute-Pommeraie. Il est relié par des routes à Beaumont-sur-Oise, à Mouy, à Clermont, à Pont-Sainte-Maxence, à Senlis et à Chantilly.

Creil est le nœud des voies ferrées qui viennent de la Fère, d'Amiens, de Beauvais, de Pontoise et de Paris.

La ville est dominée par les hauteurs de la rive droite

Camp retranché.

et ne peut être défendue qu'en arrière, par l'occupation de la Haute-Pommeraie, grosse montagne boisée à 2 kilomètres de l'Oise, entre la route de Senlis et celle de Chantilly.

Le Thérain se jette dans l'Oise, à 3 kilomètres S.-O. de Creil.

Jusqu'à Saint-Leu-d'Essereu, vers le confluent de la Nonette, l'Oise coule dans une étroite coupure entre ses berges très élevées.

De Saint-Leu à Noisy-sur-Oise, la vallée est très large; à droite, terrain découvert; à gauche, de grands bois marécageux (forêt du Lys, bois de Bonnet, etc.), surtout au confluent de la Thève.

Entre Noisy et Beaumont, l'Oise vient baigner le pied de la montagne recouverte par la forêt de Carnelle qui sert aussi de bordure à sa rive gauche.

Les moyens de passage sont : bac à Saint-Leu; pont à Précy-sur-Oise; bacs à Borau et à Noisy; pont de pierre à Beaumont.

Beaumont est bâti sur les bords de l'Oise (rive gauche); mais ses dernières maisons viennent s'étager en amphithéâtre jusque sur la colline qui forme le premier gradin de la montagne de Carnelle.

Des routes nombreuses partent de cette ville et la relient à Creil, à Clermont, à Beauvais, à Pontoise, à Paris et à Luzarches.

A Beaumont se croisent les voies ferrées de Pontoise à la Fère, et de Paris à Beauvais.

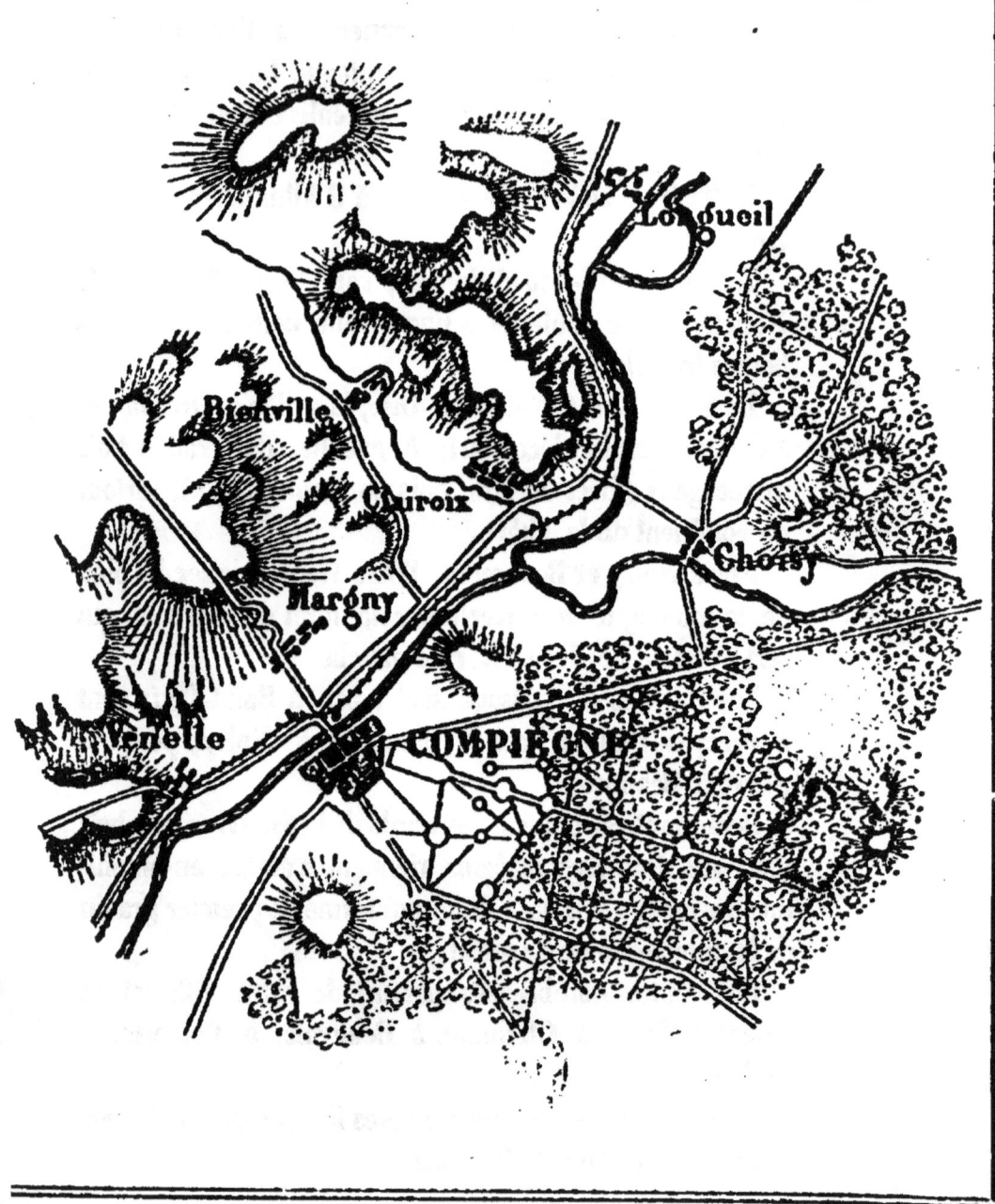

Le Ru-de-Presles se jette dans l'Oise, à 2 kilomètres O. de Beaumont.

Entre Beaumont et Champagne, la rive droite de l'Oise est très découverte, et la vallée mal limitée de ce côté.

De Champagne à l'Isle-Adam, l'Oise est bordée par les pentes abruptes d'un énorme massif montagneux qui s'étend entre le Sauceron et l'Esches.

Il n'existe pas de moyens de passage entre Beaumont et l'Isle-Adam.

De bonnes voies de communication joignent ce dernier bourg à Beaumont, à Méru, à Pontoise et à Paris.

Entre l'Isle-Adam et Pontoise, la rivière coule dans un étroit chenal, bordé de hautes berges généralement découvertes au Nord et boisées au Sud.

Ponts à Auvers et à Pontoise.

Pontoise est bâti au confluent du Viosner et du ruisseau du Fond-Saint-Antoine; il s'étage sur les pentes difficiles qui bordent à droite la rivière.

C'est à Pontoise, mais sur la rive gauche, que se trouve le nœud des voies ferrées qui vont de Paris à Gisors et à la Fère.

De bonnes routes relient cette ville à l'Isle-Adam, à Méru, à Gisors, à Paris, à Rouen, à Saint-Germain et à Paris.

Pontoise peut être transformé en tête de pont offensive en établissant quelques ouvrages sur la ligne courbe Jancy-Osny-Ennery-Valhermay.

L'Oise fait ensuite un grand crochet avant d'aller se perdre dans la Seine près de Confolens.

Ponts à Neuville et à la station de Confolens.

La défense de la ligne de l'Oise s'imposera si l'ennemi, ayant envahi la vallée de la Somme et chassant devant lui l'armée française, menaçait Paris.

Cours de la Seine (entre Confolens et Rouen). — Entre Confolens et Rouen, la Seine fait de nombreux lacets dont toutes les boucles sont dirigées vers le N.-E.

La direction générale du fleuve est N.-O.

De la station de Confolens à Poissy, la Seine coule dans une direction N.-N.-E.-S.-S.-O. Elle s'appuie aux dernières pentes de la hauteur de l'Hautie; sa rive gauche est basse, découverte et limitée par la lisière Ouest de la forêt de Saint-Germain.

Vers Andrésy, Denouval et les Carrières-sous-Poissy, la Seine est couverte de longues îles que d'étroits chenaux séparent de la rive droite.

La ville de Poissy est assise sur la rive gauche de la Seine, à la corne S.-O. de la forêt de Saint-Germain, au pied des hauteurs que cette forêt recouvre.

En face de Poissy, deux îles couplées entre lesquelles passe le courant principal.

Une sortie de la garnison de Paris par Poissy aurait peu de chances de succès, vu la proximité de l'Hautie qui commande tout le terrain à une grande distance.

Nonobstant, il serait imprudent de laisser découverte cette ville qui est incontestablement la clef de la forêt de Saint-Germain.

Il a été question de construire une batterie près d'Aigremont, pour couvrir Poissy; cet emplacement paraît mal choisi. Il serait préférable, à notre avis, d'établir une batterie à l'étoile de Frontenac et une autre sur la route de Poissy à Saint-Germain, entre l'étoile des Loges et celle de Beaumont.

Entre Poissy et Triel, la Seine remonte au Nord; sa rive gauche longe la base de hauteurs abruptes; à droite, s'étendent les terrains découverts de la presqu'île des Carrières.

Les îles sont alors tellement nombreuses et se succèdent avec tant de régularité que la Seine paraît avoir deux lits parallèles; le courant principal est à droite.

A Triel, un pont de pierre met en communication les deux rives.

De Triel à Meulan, la Seine coule de l'Est à l'Ouest et borde le premier plan de la hauteur de l'Hautie.

La rive gauche, beaucoup plus basse, est couverte par les bois de Verneuil et de Bercheville.

Trois petites îles près de Triel et une langue de terre coupée par un canal, face au village de Vaux, encombrent la Seine.

Meulan est situé sur la rive droite de la Seine, au confluent de l'Aubette et vis-à-vis l'embouchure du Ru-Plat. Cette ville s'étend en croissant sur les dernières pentes de l'Hautie.

De bonnes routes font communiquer Meulan avec Mantes, Vernon, Pontoise, Poissy et Rambouillet.

De Meulan à Mantes, le lit de la Seine, très large, est semé de longues îles qui se joignent bout à bout.

La rive droite, bordée de hautes berges jusqu'au hameau de Rangiport, va ensuite en s'abaissant jusqu'à Limay.

A gauche et jusqu'au confluent de la Mandre, la vallée, couverte de bois ou de pépinières, est très large; de ce point jusqu'à Mantes, elle est resserrée entre des pentes difficiles et souvent rocheuses.

Mantes est bâti sur la rive gauche de la Seine, au confluent du Vaucouleurs. Ses rues bien tracées se coupent à angles réguliers. Les faubourgs Saint-Laurent et des Cordeliers s'attachent au flanc des collines qui bordent la rive gauche du fleuve.

Face à Mantes, sur la rive opposée, est construit le bourg de Limay.

L'île de Limay (longue de 4 kilomètres) et l'île des Dames (longue de 2 kilomètres) obstruent le fleuve entre ces deux villes. Elles sont reliées l'une à l'autre par un pont.

Mantes est mis en communication par d'excellentes routes avec Meulan, Magny, les Andelys, Vernon, Dreux, Houdan et Saint-Germain.

De Mantes à Guernes-Rosny, la Seine est bordée à droite par une haute berge; à gauche, sa vallée est large et boisée.

De Guernes à Saint-Martin-la-Garenne, les deux rives sont également boisées; mais, à droite, la plage est basse, tandis qu'à gauche, elle est fortement inclinée.

De Saint-Martin à Bonnières, le lit de la Seine est encombré d'îles; il est bordé, à droite, par des pentes abruptes; à gauche, par la forêt de Moisson.

De Bonnières au confluent de l'Epte, la rive gauche est boisée et élevée; la Seine, alors très large, franchit une sorte de défilé formé par le rapprochement des deux versants de la vallée.

Pont à La Roche-Guyon; bacs à Freneuse, à Port-Villez, à Giverny; pont à Vernon.

Vernon s'étend sur la rive gauche du fleuve. De l'autre côté de l'eau est bâti le faubourg de Vernonnet.

De hautes collines, que recouvrent les forêts de Vernon et de Bizy, enserrent la ville de toutes parts.

Vernon communique par des routes avec Etrepagny, Magny, Mantes, Dreux, Gaillon et les Andelys.

De Vernon aux Andelys la vallée devient plus large. Sur la rive droite, la forêt de Vernon, sur la rive gauche, les bois de Saint-Just et de Gaillon recouvrent les hauteurs rocheuses qui bornent l'horizon.

Des îles nombreuses, séparées par d'étroits chenaux, obstruent la Seine jusqu'à Saint-Pierre-la-Garenne et devant Thosny.

Bac et pont entre Gaillon et Courcelles; pont au Petit-Andelys.

Les Andelys sont formés par la réunion de deux bourgs qui se nomment le Grand et le Petit-Andelys.

La Grand-Andelys est bâti dans un épanouissement de la vallée du Gambon. Il est entouré de bois et de hauteurs où l'on n'arrive que par des chemins étroits et raboteux. Les maisons y sont éparses.

Le Petit-Andelys borde la rive droite de la Seine, au confluent du Gambon.

De nombreuses routes font communiquer cette petite ville avec Rouen, Lyons-la-Forêt, Gournay, Gisors, Magny, Vernon, Gaillon, Louviers et Pont-de-l'Arche.

Des Andelys à Pont-de-l'Arche, la Seine se fraye difficilement passage au milieu d'un dédale d'îles basses et de bancs de sable.

L'Andelle se jette dans la Seine (rive droite), près du village de Pîtres.

L'Eure entre dans le fleuve à deux kilomètres E. du Pont-de-l'Arche. Une vaste plaine, en grande partie boisée, sépare la Seine de l'Eure, vers leur point de rencontre.

Bac à Muids ; ponts à Saint-Pierre-du-Vauvray et à Pont-de-l'Arche.

Pont-de-l'Arche est bâti sur la rive gauche de la Seine, près de la forêt de ce nom. Le pont qui unit cette ville à la rive droite s'appuie sur deux îles bordées de moulins.

De Pont-de-l'Arche à Rouen, la Seine décrit un énorme lacet, dont les branches presque parallèles sont très rapprochées l'une de l'autre ; elle se redresse près de Rouen.

La plupart des îles qui occupent le lit du fleuve sont couvertes de taillis ou de prairies. Sur la rive gauche, la forêt de Rouvray ; à droite, des pentes abruptes.

Elbeuf est bâti à l'extrémité O. de la courbe que fait la Seine. Un pont à Elbeuf ; deux ponts à Rouen.

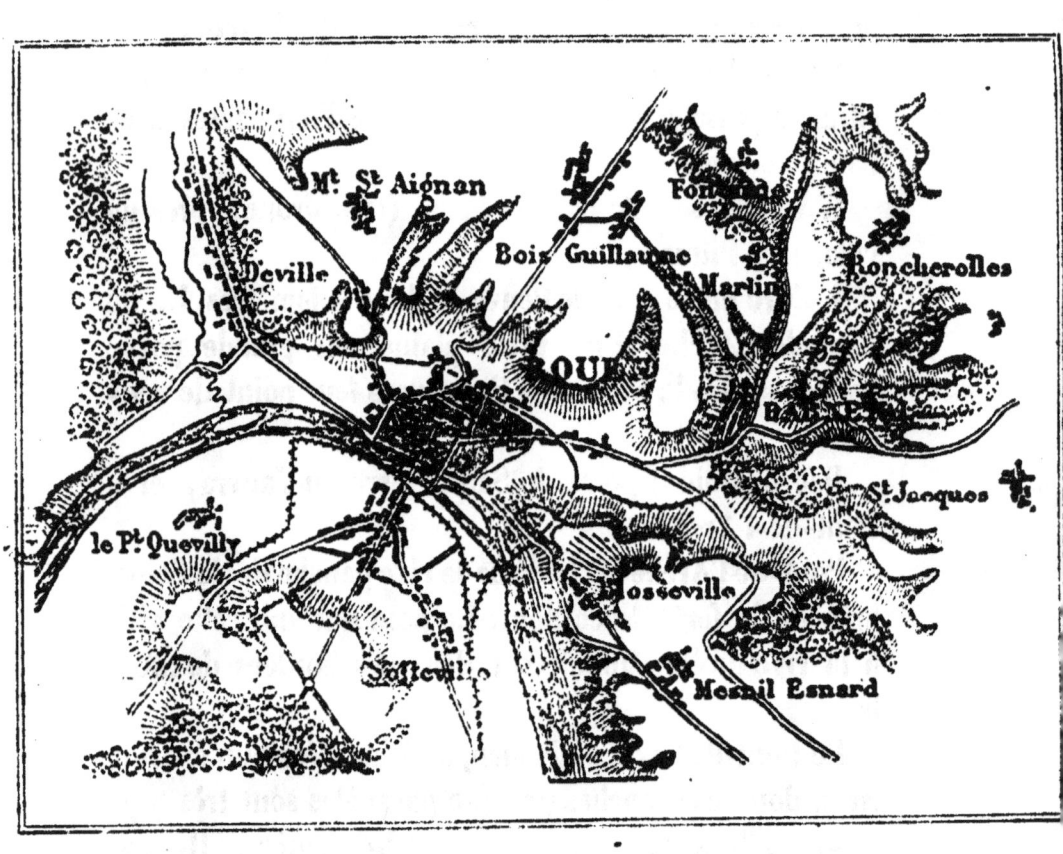

Rouen est situé sur la rive droite de la Seine, au confluent de la Clerette et de la Robée.

Un hémicycle de hauteurs, dont la base est profondément fouillée, couvre Rouen au Nord. Le mont Gargan, avec son sommet couronné par un ancien fort, commande la ville au S.-E.

Rouen offre une agglomération compacte d'habitations. Les beaux et vastes faubourgs : Cauchoise, Bouvreuil, Beauvoisin, Saint-Hilaire, Martinville, grimpent sur les pentes des monts Ribaudet, Fortin et Gargan. Sur la rive gauche, le faubourg Saint-Sever et les quartiers des Curanderies et de Claquedent vont rejoindre la forêt de Rouvray.

Les ouvrages établis au mont Saint-Aignan, sur le mont Péreux, à Roncherolles, aux Jonquets, à Saint-Jacques, au Mesnil-Esnard et dans la forêt de Roumare seraient au besoin de Rouen une excellente tête de pont offensive.

Affluents de droite de l'Oise et de la Seine. — Les affluents de l'Oise (rive droite) coulent dans une direction N.-O. S.-O. et ceux de la Seine (rive droite) se dirigent du N.-E. au S.-O. Il s'en suit que les sources de ces rivières, tributaires de cours d'eau différents, se rencontrent dans les mêmes têtes de vallées, et coulent, pendant quelques kilomètres, dans la même cuvette dont elles brisent ensuite les parois pour aller, soit au S.-E., soit au S.-O.

Les principaux affluents de l'Oise (rive droite) sont : la Verse, la Divette, le Matz, l'Aronde, la Brèche, le Thérain, l'Eche et la Viosne.

La Verse jaillit de la partie nord de la montagne de Noyon. Elle passe près de Guiscard, reçoit à droite la Mèze, passe à Noyon, et se jette dans l'Oise près de Pont-l'Évêque. La forêt de Bouvresse est, de ce côté, la ligne de démarcation entre le bassin de la Somme et celui de l'Oise.

La Divette a sa source près de Lassigny. Elle est enserrée par deux massifs montagneux dont les pentes sont couvertes de bois. Elle se jette dans l'Oise près de Passel.

Le Matz prend naissance dans les environs de Roye-sur-Matz ; après avoir franchi une coupure des montagnes de Montdidier, il arrive à Ressons où il change brusquement de direction ; il se fraye ensuite péniblement un chemin jusqu'à l'Oise, à travers un massif dont il dénude la base.

L'Aronde a sa source près de Montiers. Elle coule dans une vallée assez étroite, semée de broussailles, et quelquefois marécageuse. Elle se jette dans l'Oise au pied du mont Ganelon, vis-à-vis le confluent de l'Aisne.

La Brèche sort de terre près de la Neuville-Saint-Pierre, au N.-E. de Beauvais. Sa vallée, assez étroite jusqu'à Clermont, est bordée de collines découvertes et d'un accès facile. Cette rivière couvre la corne N.-E. de la forêt de Hez et s'engage dans le défilé Clermont-Creil où elle arrose de nombreux villages. A droite et à gauche, se dressent les montagnes de Clermont et de Liancourt. La Brèche se jette dans l'Oise près de Creil.

Le Thérain est le principal affluent de l'Oise, sur la

rive droite. Il a sa source à Canny. Une faible élévation le sépare de la vallée de la Béthune qui se dirige vers le Nord, par Neufchâtel, et qui semble être son prolongement. Jusqu'à Milly où il reçoit le petit Thérain, cette rivière coule entre de hautes berges, assez rapprochées. De Milly à Beauvais, la vallée s'élargit un peu et devient humide. A Beauvais, le Thérain reçoit, à gauche, la Liovrette, et, à droite, l'Avelon. La vallée se fait ensuite marécageuse et se couvre de taillis. A partir de Mouy, elle se resserre et ses pentes sont difficiles.

Le Thérain entre dans l'Oise à deux kilomètres en aval de Creil.

L'Esches a sa source à Lardière, près de Méru. Il porte le nom de Ru-de-Méru jusqu'à Belle-Église où il reçoit la Gobette.

La vallée de l'Esches est resserrée jusqu'à Chambly ; là, elle se confond avec la vallée de l'Oise.

La Viosne a sa source près de Villetertre, au Sud de Gisors. Elle coule dans un étroit fossé, encombré souvent de broussailles qui végètent sur un sol marécageux. Elle se jette dans l'Oise à Pontoise.

Les principaux affluents de la Seine (entre Paris et Rouen) sont l'Epte et l'Andelle.

L'Epte prend naissance aux environs des Noyers, tout près des sources du Thérain et de la Béthune. Il passe à Gournay et à Gisors en suivant une vallée étroite et très herbeuse. A Gisors, sa direction générale, qui était N.-S., devient N.-E.-S.-O.

L'Epte se jette dans la Seine, près de Giverny.

L'Andelle a sa source près de Sommery, au Sud de Neufchâtel. Elle coule dans une vallée resserrée et boisée. A Vascœil, elle reçoit le Crevon; à Charleval, la Lieure; elle se jette dans la Seine, près de Pitres.

§ II. — Orographie.

On distingue, entre la Seine et l'Oise : *A)* Le massif de Montdidier-Compiègne-Noyon ; *B)* les montagnes de Clermont et de Liancourt ; *C)* les collines qui bordent la rive droite du Thérain ; *D)* la ligne des hauteurs qui, de Noisy-sur-Oise, suit parallèlement le cours du Thérain et passe à quelques kilomètres Ouest de Mouy, de Beauvais et de Gournay.

A) Le massif de Montdidier-Compiègne-Noyon est formé par la réunion de rognons montagneux, profondément fouillés, couverts et entourés de bois.

Ce massif prêterait un appui sérieux à une armée d'invasion opérant contre la ligne de l'Oise, en empêchant les Français de déboucher par Compiègne-Noyon ou Senlis.

B) Les montagnes de Clermont et de Liancourt, très boisées dans la partie Nord, et séparées l'une de l'autre par un étroit défilé, gardent les routes qui vont à Roye, à Montdidier et à Beauvais.

Cette position flanque la ligne de l'Oise dont elle constitue la principale force. C'est en quelque sorte une immense tête de pont naturelle, permettant de déboucher, soit sur Amiens, soit sur Péronne.

C) Les hauteurs de la rive droite du Thérain forment une double muraille réunie par d'énormes gradins.

Parallèlement, le long de la rivière, court une première ligne de hauteurs, à pentes courtes et raides, profondément fouillées, et souvent même séparées par des coupures; quelques bois et de nombreux bosquets en recouvrent les parties élevées.

D) La deuxième ligne est continue et commande la précédente de plus de 100". A peine ravinée, celle-ci forme un brusque ressaut sur les terrains situés au N.-E., avec lesquels elle ne communique que par quelques chemins. Au S.-E., au contraire, elle s'incline d'une manière insensible jusqu'aux bords de la Troesme et du Sausseron. Une bonne route en suit d'un bout à l'autre la crête militaire.

Les hauteurs du Thérain constitueraient une excellente ligne de défense pour des troupes qui reculeraient sur la basse Seine.

Les rives de la Seine et de ses affluents encadrent de vastes plateaux, sur lesquels se détachent quelquefois de courts chaînons dont la direction générale est N.-O. S.-E. Les bords de ces plateaux sont très inclinés.

Ils ne peuvent, du reste, être que favorables à une armée ennemie qui s'en servirait comme points d'appui pour forcer le passage de la Seine.

§ III. — Forêts.

Les forêts les plus remarquables, entre Seine et Oise,

sont : les forêts de Hez, de Lyons, de Thelle, de Longboel, de Bacqueville, des Andelys et de Vernon.

La forêt de Hez couvre la partie Nord de la montagne de Clermont ; elle est jalonnée par Clermont, Thury, Hermes, la Rue-Saint-Pierre et Etouy.

De l'Est à l'Ouest, son étendue est de huit kilomètres ; du Nord au Sud, sa largeur moyenne est de cinq kilomètres. De longues allées bien droites la sillonnent dans tous les sens et vont aboutir aux voies de communication qui la bordent.

Il serait difficile de rencontrer une position aussi forte naturellement et se prêtant mieux à une mise en état de défense.

Entre Thury et Hondainville, la lisière de la forêt repose sur un brusque ressaut de terrain ayant un commandement de 60 à 80 mètres sur le vallon marécageux de Lombardie qui le borde. Trois longs ravins, creusés dans l'épaisseur du massif, convergent sur le hameau de Buteaux, point central du vallon dont le parc de Hondainville ferme le débouché.

Entre Hondainville et Hermes, la forêt est bordée par les rives marécageuses du Thérain. Elle finit aux pentes abruptes qui encaissent le Thérain à l'Est.

De Hermes à la Rue-Saint-Pierre, s'étend une large bande marécageuse, sillonnée par le Thérain et la Trye, creusée de tourbières et semée çà et là de taillis qui reposent sur un sol très humide.

Le mont César, détaché du massif, commande de 90

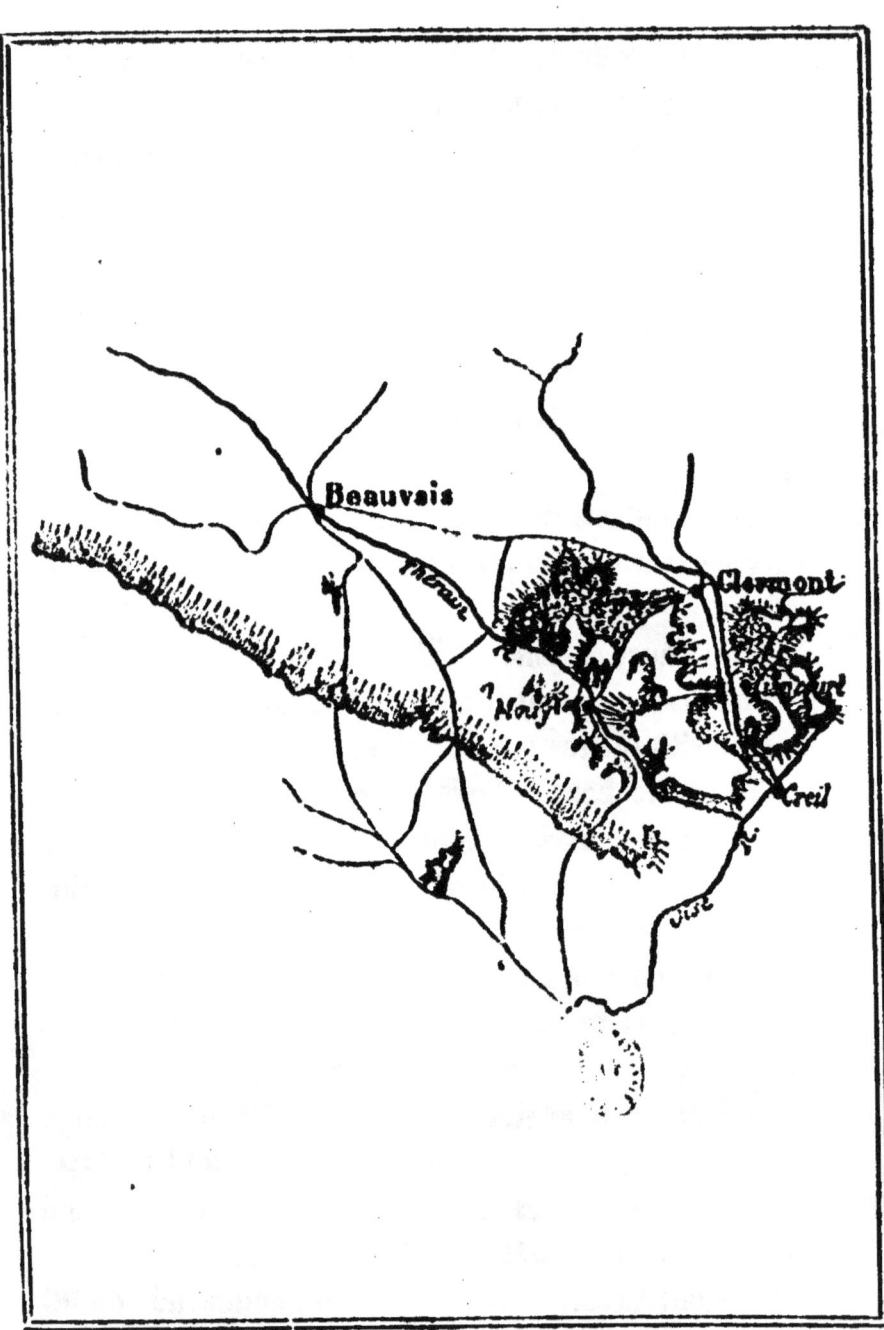

mètres toute cette région, et flanque la lisière N.-O. de la forêt.

Le village de la Neuville, entouré d'un faible rideau de bois, est bâti presque sur la lisière du côté Nord. Il est enserré par deux éperons détachés de la montagne et se prête admirablement à la défensive. Il ne serait par contre d'aucune ressource pour l'attaque de la forêt, au cas où l'ennemi s'en rendrait maître.

La lisière Nord est couverte par la brèche. L'éperon sur lequel est bâtie la ville de Chaumont flanque cette face ainsi que la face Est.

La lisière Est s'arrête à la route de Clermont à Mouy et à deux ruisseaux, la Brèche et la Garde.

A un kilomètre en arrière de Hermes et de Clermont, une longue côte aux flancs abrupts court parallèlement à cette lisière.

La forêt de Hez est bordée entièrement par une belle route à laquelle se rattachent les voies venant de Compiègne, de Montdidier, d'Amiens, de Crèvecœur, de Beauvais, d'Auneuil, de Méru, de Beaumont et de Creil.

Une voie ferrée en fait complètement le tour et donne naissance à quatre bifurcations différentes.

En somme, la forêt de Hez est une position défensive de premier ordre.

La forêt de Lyons, située entre Rouen et Gournay, couvre les versants des vallées supérieures de l'Andelle et de la Levrière.

Très étendue, mais très morcelée et ouverte de toutes

parts, cette forêt ne commande aucune grande voie de terre, de fer ou d'eau. Elle ne possède donc, au point de vue défensif, qu'une importance très minime, pour ne pas dire nulle.

Entre Gournay et Gisors, on rencontre la forêt de Thelle. Placée comme elle est en dehors des principales voies de communication, elle doit être négligée.

La forêt de Longboel occupe la rive droite de l'Andelle, face aux bois de Douville et de Mouquignonne. Elle barre la route des Andelys à Rouen.

Ce serait une bonne position défensive en cas de retraite, si elle ne pouvait être tournée par la route de Magny à Rouen.

La forêt de Bacqueville est située entre Fleury et Bacqueville, le long de la route de Magny. Elle est peu étendue, mal percée et n'a, pour ainsi dire, pas de débouchés.

Les forêts de Vernon et des Andelys couvrent les croupes qui bordent la rive droite de la Seine.

Bien qu'entourées par de bonnes routes, ces forêts n'ont pas une très grande valeur stratégique, parce que, pour les défendre, il faudrait s'adosser à la Seine.

§ IV. — Voies ferrées.

Ligne de Pacy à Vernon et Gisors. — De Pacy à Gisors, 60 kilomètres.

Stations : Pacy, Douains-Blaru, Normandie, Vernon, Vernonnet, Giverny, Sainte-Geneviève, Gasny, Fourges,

Bray-Ecos, Aveny-Montreuil, Berthenonville, Bordeaux-Saint-Clair, Guerny, Dangu, Inval et Gisors.

Cette ligne se soude à la ligne de Paris à Rouen, près du parc de Vernon, franchit la Seine sur trois ponts et longe ce fleuve jusqu'à Giverny. Là, elle pénètre dans la vallée de l'Epte qu'elle suit jusqu'à Gisors.

Ponts au Bout-de-Giverny et à Fourges; ponts sur l'Epte à Dangu, à Néaufles-Saint-Martin et à la ferme de Vaux.

Ligne de Gisors à Pont-de-l'Arche. — Longueur, 51 kilomètres.

Stations : Gisors, Bezu-Saint-Eloi, Bernouville, Etrepagny, le Theil, Saussay, Lisors, Menesqueville, Charleval, Fleury, Radepont, Pont-Saint-Pierre, Romilly, Pitres et Pont-de-l'Arche.

Cette ligne se détache de la précédente à la ferme de Vaux; elle suit le cours de la Levrière jusqu'à Bezu, celui de la Bande jusqu'au Thil-en-Vexin, franchit le dos d'âne de Saussay, suit la rive gauche de la Lieure jusqu'à Charleval, puis celle de l'Andelle jusqu'à Pitres.

Ponts sur la Levrière à Saint-Eloi et à Bernouville, sur l'Andelle, à Pitres.

Ligne de Paris à Amiens par Monsoult-Maffliers. — Longueur, 148 kilomètres.

Stations : Monsoult, Beaumont, Chambly, Bornel, Esches, Méru, la Boissière, Saint-Sulpice, Warluis, Villers, Beauvais, Fouquenies, Herchies, Milly, Saint-Omer-en-Chaussée, Oudeuil, Crèvecœur, Fontaine-Bonnel,

Croissy, Conty, Lœilly, Prouzel, Saleux, Saint-Roch et Amiens.

Cette ligne ferrée longe la lisière Ouest de la forêt de Carnelle, croise le Ru-de-Presles à Presles et l'Oise près de Mours, rencontre aux usines de Persan la ligne de Tergniers, traverse l'Esches une première fois entre Persan et Beaumont, une seconde fois au Sud de Chambly, suit la rive droite de l'Esches et du Ru-de-Méru jusqu'au Coudray où un tunnel de 1,500 mètres de longueur la fait passer dans la vallée du Thérain. Elle passe ensuite à travers le bois de Fecq, rejoint le Thérain à Wagicourt, remonte cette rivière jusqu'à Saint-Omer-en-Chaussée, franchit le dos d'âne de Crèvecœur, enfin, pénètre dans la vallée de la Celle qu'elle côtoie jusqu'à Amiens.

Ligne de Creil à Beauvais. — Longueur, 88 kilomètres.

Stations : Creil, Cramoisy, Cires-les-Mello, Mouy, Heilles, Hermes, Rochy et Beauvais.

Cette ligne, détachée de la ligne de Tergnier à Creil, suit la vallée du Thérain (rive droite) jusqu'à Beauvais.

Ponts à Cramoisy, à Maysel, à Mouy, à Augy; chaussée continue de Mouy à Beauvais.

Ligne de Beauvais à Gournay. — Longueur, 117 kilomètres.

Stations : Saint-Paul, la Chapelle-aux-Pots, Saint-Germer et Gournay.

Cette ligne s'amorce, près de la ferme de Mont-Guillain, à celle qui va de Beauvais à Gisors; elle suit la vallée de

Laveton, en longeant les bois de Soavre et de Lhuyères ; puis, après un parcours de quelques kilomètres à travers des terrains semés de bosquets et de tertres, elle joint la vallée de l'Epte à Gisors.

Ponts à Beauregard, à la Chapelle-aux-Pots, à Lhuyères et près de la station de Saint-Paul.

Ligne d'Abancourt à Beauvais. — Longueur, 126 kilomètres.

Stations : Abancourt, Moliens, Feuquières, Grandvilliers, Grez, Marseille, Achy, Saint-Omer-en-Chaussée, Milly, Herchies, Fouquenies et Beauvais.

Cette ligne, greffée sur la voie de Paris à Amiens à la station de Saint-Omer-en-Chaussée, suit la vallée du Thérain jusqu'à Marseille, remonte au Nord vers Grandvilliers, puis fait un crochet à l'Ouest pour gagner Abancourt.

Pont à Marseille.

Ligne de Paris à Tergnier. — Longueur, 131 kilomètres.

Stations : Creil, Rieux, Pont-Sainte-Maxence, Verberie, Compiègne, Thourotte, Ribecourt, Ourscamp, Noyon, Apilly, Chauny et Tergnier.

Cette ligne suit la rive droite de l'Oise de Creil jusque près de Tergnier.

Ponts : sur l'Oise à Saint-Maximin, sur le Thérain à l'usine de Montataire, sur la Brèche à Royaumont, sur l'Aronde près de Compiègne, sur la Divette, sur le Matz, sur la Verse et sur la Brouage.

§ V. — CONSIDÉRATIONS MILITAIRES.

Le pays compris entre la Seine et l'Oise n'a qu'une importance militaire très secondaire. Tout au plus peut-il servir de champ de manœuvre à une armée qui, chassée de la vallée de la Somme, se retirerait sur la basse Seine; mais ce serait une grosse faute que d'en faire le théâtre de combats décisifs.

On doit pourtant considérer deux cas : *A)* ou cette armée agirait isolément; *B)* ou elle opérerait de concert avec une autre armée, manœuvrant derrière l'Oise.

A) Quelle est la meilleure direction à prendre par une armée isolée qui se verrait contrainte de sortir d'Amiens?

Se dirigera-t-elle de préférence sur Rouen? sur Beauvais et Vernon? sur Clermont et Paris?

Sur chacune de ces directions se rencontrent d'excellentes positions défensives. C'est donc dans un autre ordre d'idées qu'il faut chercher la solution de ce problème.

Un mouvement sur Rouen aurait pour conséquence d'isoler l'armée ennemie, de la forcer à s'affaiblir afin de garder ses communications, tandis que l'armée française, elle, se renforcerait à chaque pas qu'elle ferait en arrière, en englobant les troupes territoriales ou autres échelonnées sur sa route et dans son rayon d'action.

La supériorité numérique une fois acquise, l'armée française deviendrait libre, soit d'accepter un combat défensif dans d'excellentes conditions, soit de reprendre l'offensive avec quelque chance de succès.

Parmi les nombreuses voies de retraite qui s'offrent dans cette direction, à noter deux excellentes routes reliées l'une à l'autre par une foule de chemins praticables à toutes armes, savoir :

1° Celle d'Amiens à Rouen par Poix et Neufchâtel ;

2° Celle d'Amiens à Rouen par Saleux, Grandvilliers, Formerie, Forges et Buchy.

Comme positions d'arrière-garde, nous trouvons : 1° la position d'Aumale ; 2° les hauteurs à l'Est de Neufchâtel ; 3° la position des Hayons ; 4° les abords de Rouen ; 5° la forêt de Bray ; 6° les collines de la Béthune, à l'Est de Buchy.

L'armée en retraite ne peut se diriger sur Vernon par Beauvais, que si le camp de Paris n'est ni bloqué étroitement par des forces suffisantes, ni menacé par des troupes tenant la campagne ; car, dans ces deux cas, elle serait exposée à être prise en flanc.

Un mouvement rétrograde effectué dans ces conditions sur Beauvais implique, en outre, la certitude d'être aidé par l'armée de Paris. C'est donc encore une manœuvre dangereuse.

En effet, il s'agira pour l'armée en retraite de soutenir un combat défensif en arrière de Beauvais sur la falaise de Mont-des-Fourches, et cela tout en occupant et en défendant vigoureusement les débouchés (forêt de Hez et montagne de Liancourt) par où l'armée de Paris peut prendre l'attaque à revers.

Si l'armée de Paris ne paraissait pas ou si elle s'engageait trop tard, l'autre armée, morcelée comme elle le serait, risquerait d'être complètement détruite. D'un autre côté, si cette dernière ne gardait pas les défilés du Thérain et de la Brèche, l'armée de Paris, s'y trouvant arrêtée, serait forcée de s'adosser à l'Oise qu'elle ne pourrait franchir que sur deux points. Quant à la retraite sur Clermont et Paris, ce serait un aveu d'impuissance. Cette route ne convient guère qu'à une armée en déroute ou tout à fait hors d'état de tenir la campagne.

B) Si une autre armée française manœuvrait derrière l'Oise, la retraite des corps contraints d'abandonner la vallée de la Somme devrait s'effectuer d'une toute autre manière.

Supposons-les concentrés dans le pays compris entre l'Aisne, l'Oise et les places de La Fère, de Laon et de Soissons.

Dans cette situation, cette armée — armée de position surtout, puisqu'elle serait spécialement chargée de la défense des abords de ces places — n'en devrait pas moins être très manœuvrière, car une résistance passive la conduirait à s'enfermer définitivement dans l'une ou l'autre de de ces places.

Pour appuyer et faciliter ses mouvements, elle devrait nécessairement exécuter quelques travaux et préparer la défense de certains points.

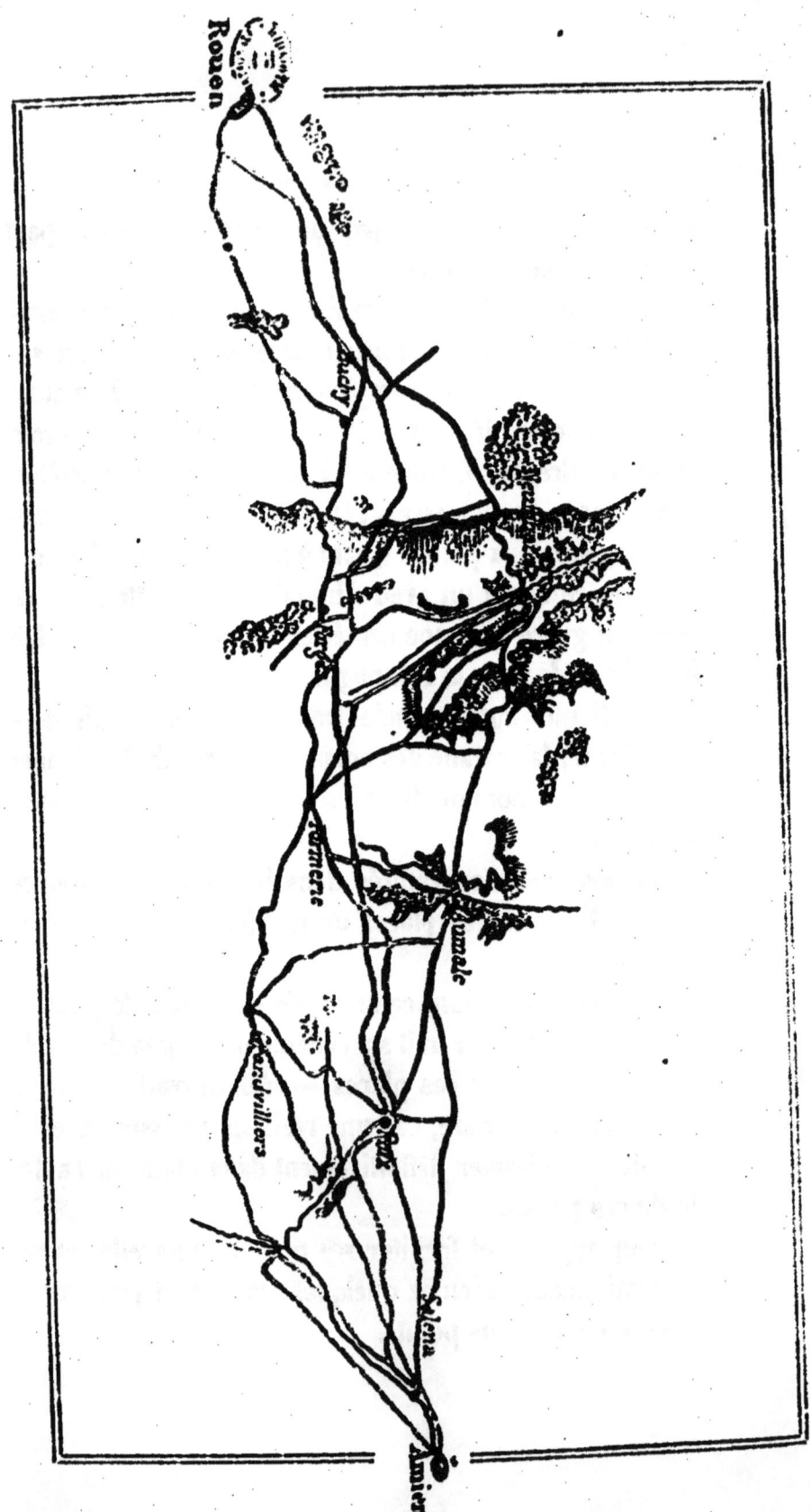

Son fort serait la forêt de Saint-Gobain dont les lisières N., N.-E. et N.-O. sont couvertes de forteresses, et les autres faces bordées de pentes difficiles et de larges ruisseaux. De là, elle menacerait à la fois Saint-Quentin et Vervins; mais il lui serait impossible de rien entreprendre contre Chaulnes, Roye ou Amiens que couvrent la montagne de Noyon.

Les villes de Chauny et de Noyon sont trop mal situées pour être transformées en têtes de pont; elles seraient, du reste, trop difficiles à conserver et exigeraient de trop fortes garnisons. Mais, comme la possession de ces passages serait indispensable à l'armée française, il lui faudrait alors élever deux solides ouvrages en terre aux extrémités de la montagne de Noyon. Si ces ouvrages étaient assez importants et assez forts pour qu'on puisse sans imprudence les abandonner à eux-mêmes, le passage de l'Oise à Noyon et à Chaugny serait assuré à l'armée française et, par suite, complètement interdit à l'ennemi.

Enfin, une redoute bien placée sur le mont Ganelon faciliterait le passage de l'Oise près de Compiègne, tout en défendant les abords de la forêt.

Assurée de l'appui actif de l'armée établie derrière l'Oise, comment devrait manœuvrer l'armée chargée de la défense du pays entre Seine et Oise?

A notre avis, ces mouvements devraient être combinés d'après les considérations suivantes :

1° Ne pas s'éloigner de plus de trois ou quatre journées de marche de l'armée occupant la forêt de Saint-Gobain;

2° Prendre position de combat, de manière que cette dernière armée soit naturellement, sans changement de direction et en une seule marche, sur le flanc ou sur les derrières de l'ennemi;

3° Avoir un de ses flancs et ses derrières couverts par l'armée de Paris;

4° N'occuper que des positions très fortes et susceptibles d'une longue défense.

Une seule position satisfait à ces conditions diverses, c'est celle qui comprend dans son périmètre la montagne de Liancourt, Clermont et la forêt de Hez, Noailles, le Haut-Silly et le bois de Molle.

Reste à savoir quelle conduite tiendrait l'ennemi si cette position était occupée par l'armée française?

Évidemment, il chercherait à rejeter cette dernière sur Paris, s'il se croyait assez fort pour entreprendre le blocus de cette place, après avoir battu et l'armée de Paris et les autres corps qui lui tiendraient tête.

Dans le cas contraire, il ferait tous ses efforts pour éloigner de la capitale les armées d'opération et pour les isoler. Dans ce but, il chercherait, soit à les forcer sur leur ligne de retraite, soit à les prendre à revers en débordant leur flanc gauche, soit à les repousser sur Montdidier ou Compiègne.

Ainsi, quelle que soit son intention, il appuiera surtout sur l'une ou l'autre des ailes.

Résister pendant plus de 24 heures à cette pression, c'est donner le temps à une partie de l'armée de Paris de renforcer les lignes et aux corps massés dans la forêt de

Saint-Gobain, de se porter dans les montagnes de Montdidier et de Lassigny, sur les derrières des troupes ennemies.

Le grand commandement de cette position sur les terrains marécageux qui la bordent, et la force que lui donneraient quelques ouvrages en terre, la rendraient certainement susceptible d'une très longue défense.

CHAPITRE III.

Pays compris entre Oise et Marne.

§ I. — Hydrographie.

Cours de la Marne. — Entre Épernay et Château-Thierry, la Marne coule dans une vallée très resserrée, dont les versants sont abrupts et couverts de vignes ou de bois.

Elle limite : la forêt d'Enghien, le bois de Châtillon, la forêt de Rie, le bois de Condé, la forêt de Fère et le bois de Barbillon.

Ces bois sont épais, très mal percés, presque impraticables.

Ponts à Damery, à Port, à Binson et à Verneuil; bac à Vincelles; pont à Dormans; bac à Passy; ponts à Jaulgonne, à Mont-Saint-Père et à Château-Thierry.

Quelques barrages éclusés règlent le débit des eaux.

Le Surmelin se jette dans la Marne à 8 kilomètres Est de Château-Thierry.

Château-Thierry est bâti partie dans une grande île

formée par les atterrissements de la Marne, et partie sur le versant de la rive droite. Ses rues sont en pente roide. Un ancien fort en commande la partie Nord.

De Château-Thierry à Nogent-l'Artaud, la vallée de la Marne, toujours resserrée à droite, s'élargit un peu à gauche; ses deux versants continuent d'être abrupts et couverts de bois ou de vignes.

Bac à Azy; pont à Nogent-l'Artaud.

A Azy, le Ru-du-Dolloir et, à Nogent, le ruisseau de Vergis se jettent dans la Marne.

De Nogent-l'Artaud à la Ferté-sous-Jouarre, la Marne décrit de nombreux et capricieux méandres; sa vallée s'élargit; quelques bosquets seulement bordent ses rives.

Le Petit-Morin se jette dans la Marne à la Ferté-sous-Jouarre.

Bac à Charly; bac et pont à Nanteuil; bac à Méry; ponts à Luzancy et à la Ferté.

La Ferté-sous-Jouarre est bâtie sur le versant des hauteurs qui bordent la rive droite. Un de ses faubourgs s'étend sur l'autre rive.

Cette ville est reliée par trois bonnes routes à Château-Thierry, par deux routes, à Meaux, puis à Coulommiers, à la Ferté-Gaucher et à Montmirail.

De la Ferté à Meaux, la Marne fait, au Nord, un grand coude et se replie ensuite plusieurs fois sur elle-même.

Sa vallée, assez resserrée jusqu'à Changis, devient, à partir de ce village, très large à gauche; à droite, les pentes se redressent.

Le bois de Meaux ferme, au Sud, la boucle de la Marne.

L'Ourcq se jette dans cette rivière à Lizy, et la Thérouane, à Congis.

A partir de Lizy, le canal de l'Ourcq côtoie la Marne; il s'en écarte seulement près de Claye pour prendre la direction de Pantin.

Bac à Fay et à Changis; pont à Mary; bac à Germigny-l'Evêque; ponts à Triport et à Meaux.

Meaux est bâti, partie sur la rive droite de la Marne et partie dans une presqu'île. Du côté du Nord, cette ville est entourée de hauteurs.

Meaux est relié par des routes avec la Ferté-sous-Jouarre, Villers-Cotterets, Crépy-en-Valois, Senlis, Paris, Lagny, Melun et Coulommiers.

Pour défendre Meaux, il suffirait d'établir de forts ouvrages sur les hauteurs de Penchard, de Mansigny, de Nanteuil, de Montceaux, de Bel-Air et de Crégy.

De Meaux à Lagny, la Marne décrit encore une immense courbe dans sa vallée élargie et généralement découverte.

Le Grand-Morin se jette dans la Marne à Condé-Sainte-Libiaire, et la Beuvronne, près d'Annet.

Ponts à Isles-lès-Villenoy et à Trilbardou; bac à Frécy, et deux ponts à Lagny.

Lagny est bâti sur la rive gauche de la Marne, face à la montagne de Thorigny, à sept kilomètres du fort de Chelles.

De Lagny à Charenton, c'est-à-dire jusqu'à son confluent, la Marne coule dans une vallée généralement large et boisée. Entre Joinville et Saint-Maurice, elle s'infléchit vers le S.-E.

L'Ourcq est le seul affluent remarquable de la Marne (rive droite).

L'Ourcq a sa source près de Ronchères, à la pointe Nord de la forêt de Rie.

Sa vallée, très étroite, est bordée de coteaux peu élevés, aux pentes assez douces.

L'Ourcq passe à Fère-en-Tardenois, à la Ferté-Milon, à Crouy, à Lisy, et se jette dans la Marne près de Mary.

L'Ourcq n'a de valeur, au point de vue militaire, qu'à partir du village de Mareuil, où il est doublé par son canal.

Cours de l'Aisne. — L'Aisne entre dans la région de Paris à Berry-au-Bac; il suit une direction E.-O. très prononcée.

Jusqu'à Soissons, l'Aisne coule dans une vallée assez large, encadrée de plateaux dont la base est rongée et bizarrement déchiquetée.

Un canal latéral longe sa rive gauche jusqu'à Condé et au confluent de la Vesle.

Ponts à Berry-au-Bac, à Pontavert, à Maizy, à Bourg; bac à Pont-Arcy et à Chavaune; ponts à Vailly et à Condé; bacs à Venizel et à Saint-Médard; deux ponts à Soissons.

Soissons est bâti sur la rive gauche de l'Aisne; un de ses faubourgs (le faubourg Saint-Wast) empiète sur l'autre rive.

Cette ville forte est commandée au Nord, au N.-E., au

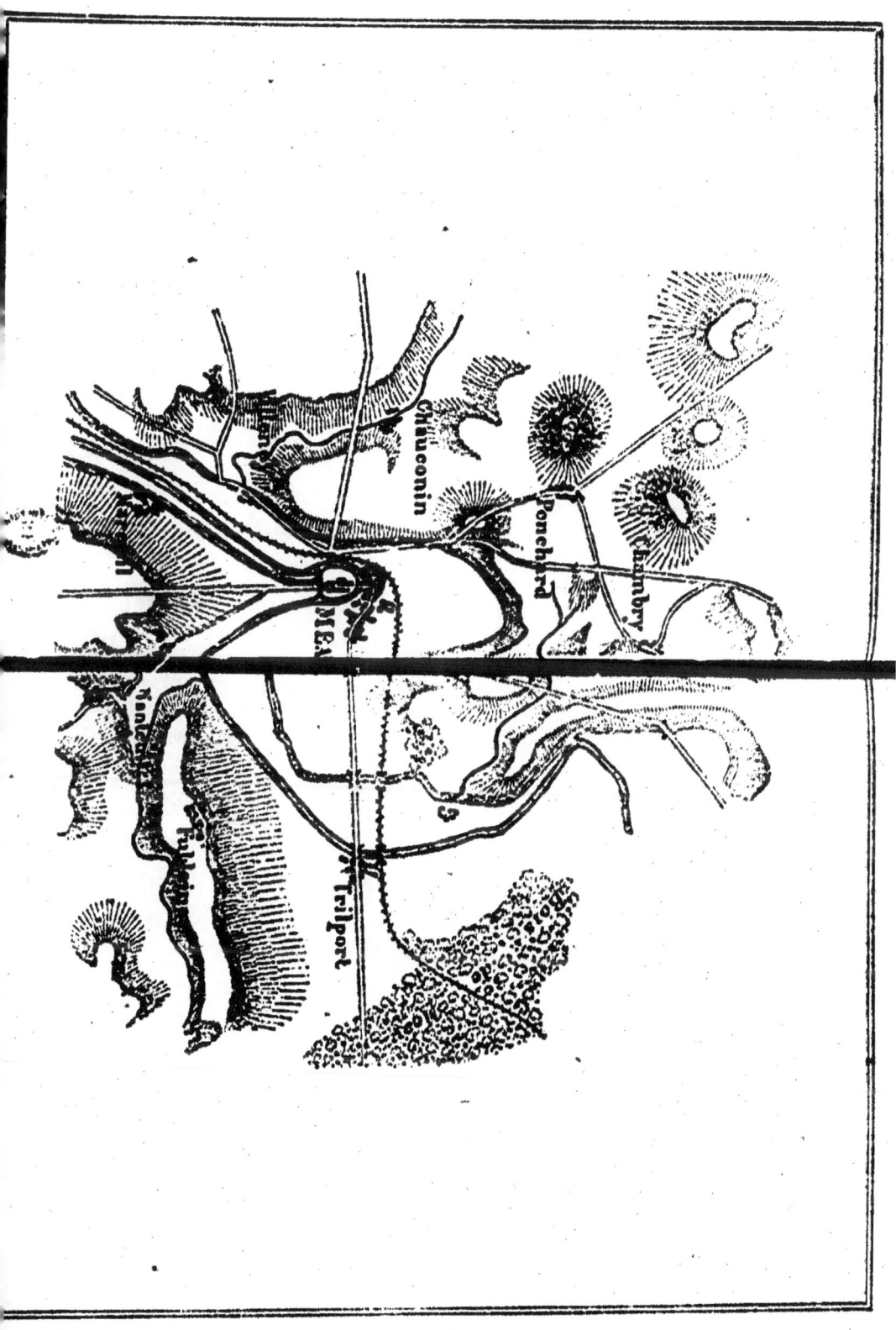

S.-E. et au S.-O. par quatre plateaux, que l'on devra fortifier si l'on veut rendre la place susceptible d'opposer quelque résistance à l'ennemi.

A Soissons, se trouve le confluent de la Crèse et de l'Aisne.

Soissons communique par de bonnes routes avec Laon, Neufchâtel, Reims, la Fère-en-Tardenois, Château-Thierry, Villers-Cotterets, Compiègne et Chauny.

A partir de Soissons et jusqu'à son entrée dans l'Oise, près de Clairoix, l'Aisne est canalisée.

Cette rivière passe à Vic et à Attichy; elle sépare la forêt de Laigue de la forêt de Compiègne.

Pont à Bois-Roger; pont suspendu à Pommiers; pont au Port; pont suspendu à Vic; pont à Attichy, à Berneuil, à Rethonde, au Franc-Port et à Choisy.

§ II. — Orographie.

Le pays compris entre l'Oise et la Marne offre divers aspects.

Au Nord de la montagne de Villers-Cotterets et de la vallée supérieure de l'Ourcq, s'étendent de longs plateaux, profondément creusés, qui allongent dans toutes les directions leurs longues croupes vigoureusement détachées.

Des vallées larges et basses, souvent aussi des coupures étroites et profondes servent de séparation à ces plateaux dont la partie supérieure est nue et plate, où le moindre cours d'eau s'est creusé un large lit.

Entre l'Oise, la montagne de Villers-Cotterets et l'Ourcq,

le dos des croupes s'arrondit, les vallées se rétrécissent, des chaînons et des contreforts montagneux se détachent de l'ensemble.

Les chaînes remarquables sont : 1° la montagne de Villers-Cotterets que prolonge le chaînon du Grand-Rozoy; 2° le chaînon brisé de Senlis; 3° le chaînon brisé Meaux-Saint-Witz; 4° les montagnes qui couvrent le pays entre Paris et Pontoise.

La montagne de Villers-Cotterets, située à trois kilomètres Nord de cette ville, s'étend de l'O.-quart-N.-O. à l'E.-quart-S.-E. C'est une arête supportée par des gradins boisés et nettement découpés; elle commande de 100 mètres les terrains avoisinants.

Quoique ses flancs soient très raides, cette montagne n'en est pas moins sillonnée par de nombreux chemins, sauf vers la partie centrale, où les pentes sont par trop abruptes.

Le chaînon du Grand-Rozoy est séparé de la montagne de Villers-Cotterets par une gorge étroite, au fond de laquelle coule la Savières.

Ce chaînon est découvert; il présente à peu près les mêmes caractères que la montagne de Villers-Cotterets.

Le chaînon brisé de Senlis se compose de montagnes isolées, vivement découpées et couvertes de forêts. Il s'étend le long de l'Oise (rive gauche), entre Chantilly et Verberie.

Les principaux de ces monts sont : la Haute-Pommeraie, la montagne d'Aumont, le mont Saint-Christophe, le mont Pagnotte et le Haut-Montel.

La Haute-Pommeraie se dresse entre les routes de

Creil à Chantilly et de Creil à Senlis. Elle est bordée ou couverte par les bois de la Haute-Pommeraie, de Saint-Maximin, de la Basse-Pommeraie et du Lieutenant.

La montagne d'Aumont défend Senlis au N.-N.-O. Elle s'élève entre les routes qui mènent de Senlis à Creil et de Senlis à Pont-Sainte-Maxence; la forêt d'Halatte la recouvre.

Le mont Saint-Christophe occupe la grande clairière centrale de la forêt d'Halatte, et borde la route qui va de Pont-Sainte-Maxence à Senlis.

Le mont Pagnotte, d'un accès difficile et complètement boisé, repose sur de larges assises. Il se dresse entre les routes de Senlis à Pont-Sainte-Maxence et de Senlis à Verberie.

Le Haut-Montel, à la cime étroite et arrondie, prolonge, vers l'Est, le mont Pagnotte.

Le chaînon de Senlis a une grande puissance défensive. Il couvre la ligne de l'Oise, entre Creil et Verberie, et fait suite à la forêt de Compiègne.

Le chaînon brisé Meaux-Saint-Witz se compose de monts isolés épars au milieu de larges plaines.

Les principaux d'entre eux sont : la montagne de Saint-Witz, celles de Dammartin, de Montgé, de Monthyon, de Pringy et de Penchard.

La montagne de Penchard couvre Meaux au N.-N.-O.; les dernières pentes viennent mourir à la route de Senlis; elle est couverte de taillis et bordée, sur deux de ses côtés, par le Ru-de-Viry.

La montagne de Pringy, très peu distante des monts Penchard et Monthyon, est nue, arrondie et creusée de carrières à plâtre.

La montagne de Monthyon, couronnée par le village de ce nom, a des pentes assez roides et boisées dans sa partie Ouest. Elle borde la route qui conduit à Senlis.

La montagne de Montgé, longue de six kilomètres, est très boisée; elle s'étend de l'O.-N.-O. à l'E.-S.-E.

Le mont Dammartin, qui supporte le village de ce nom, est à cheval sur la route de Paris à Soissons. Ses flancs, d'un accès difficile, sont en majeure partie découverts et creusés par des carrières.

La montagne de Saint-Witz est séparée du mont Dammartin par une plaine recouverte en partie par le bois de Saint-Laurent. De nombreuses fermes et le village de Saint-Witz en occupent les pentes. Son sommet commande la plupart des débouchés des forêts d'Orry, de Chantilly, de Pontarmé et d'Ermenonville.

Le chaînon Meaux-Saint-Witz, entre les mains d'une armée assiégeant Paris, et mis par elle en état de défense, la couvrirait contre les attaques que pourraient diriger contre ses lignes des troupes sorties de la Fère, de Laon ou de Reims.

Le pays situé entre l'Ourcq et la Marne est très montueux, mais ne présente aucune ligne bien marquée.

Les monts semblent y grimper les uns sur les autres, tant leurs croupes se pressent et se confondent.

Pas de plateaux, partout des sommets arrondis couronnant une succession de gradins à pentes uniformément raides.

Au bord de la Marne, les vallons se creusent, les coteaux ont de courts versants très peu inclinés, souvent même escarpés.

Les terrains sont très boisés; les routes y sont rares, et, par suite, la circulation assez difficile.

§ III. — Forêts.

Les forêts remarquables, entre l'Oise et la Marne, sont : les forêts de la montagne de Reims, de Rie, de Fère, de Villers-Cotterets, de Compiègne, de Halatte, du Lys, de Chantilly, de Pontarmé, d'Ermenonville, de Coye, d'Orry, de Carnelle, de l'Isle-Adam et de Montmorency.

La forêt de la montagne de Reims, très mal percée et d'un accès difficile, couronne le plateau qui couvre Reims au Sud. On y trouve de nombreux étangs; les forts de Reims et d'Epernay en défendent les abords.

La forêt de Rie est située à trois kilomètres Ouest de Dormans; elle couvre le sommet d'un plateau dont les versants sont plantés de vignes.

La forêt de Fère s'étend entre la Marne et Fère-en-Tardenois. C'est une longue bande boisée que coupe la route de Jaulgonne à Fère.

La forêt de Villers-Cotterets, percée de nombreuses et belles avenues, affecte la forme d'un grand fer à cheval; au centre, se trouve la ville. La rivière d'Automne en occupe la partie découverte. Cette forêt barre la route de Paris à Soissons et celle de Compiègne à Charly.

La forêt de Compiègne est comprise entre l'Oise, l'Aisne, l'Automne et une ligne de falaises, joignant, par ses extrémités, l'Aisne et l'Automne.

Cette forêt est sillonnée en tous sens par de longues et larges allées bien droites. Elle est, en outre, traversée par les routes qui vont de Compiègne à Soissons, à Crépy et à Senlis. Quelques fermes et quelques mamelons isolés en occupent l'intérieur.

La forêt de Laigue continue, au Nord et de l'autre côté de l'Aisne, la forêt de Compiègne.

Ces deux forêts rendraient très difficile à l'ennemi le passage de l'Oise, aux environs de Compiègne, surtout si des ouvrages étaient établis sur la butte du Châtelet, sur les Beaux-Monts, sur le mont Saint-Marc, sur le mont Saint-Pierre, sur le mont Arcy, au carrefour des Biches, au carrefour des Sablons, au Four-d'En-Haut, au carrefour d'Angivilliers, sur les Grands-Monts, au carrefour de Champlieu, au carrefour des Grueries, à Saint-Sauveur, au carrefour Laval, au Puits-du-Roi et à la Forte-Haie.

La forêt de Halatte est située entre Creil, Pont-Sainte-Maxence, Verberie et Senlis. Elle est bordée par les routes qui vont de Creil et de Verberie à Senlis.

Cette forêt est bien percée, mais très mouvementée.

Au Nord, elle est bordée par les falaises qui longent la rive gauche de l'Oise. Au centre, dans une vaste clairière, se dresse le mont Saint-Christophe.

Les forêts du Lys, de Chantilly, de Pontarmé, d'Ermenonville, de Coye et d'Orry, étant d'un seul tenant, ne forment, à proprement parler, qu'une seule et même forêt, s'étendant au Sud de Chantilly et de Senlis, et jusqu'à Luzarches, la Chapelle et Ermenonville.

Ces forêts sont bien percées. Trois grandes routes les coupent et s'y croisent; ce sont : 1° celle de Creil à Luzarches, par Chantilly; 2° celle de Chantilly et de Senlis à Paris, par la Chapelle et Louvres; 3° celle de Senlis à Meaux.

La Nonette constitue la lisière Nord de ces forêts; les marais du Lys bordent, au Sud, la forêt de ce nom, tandis que d'immenses bruyères limitent, à l'Est et à l'Ouest, la forêt d'Ermenonville.

Cet ensemble de terrains boisés forme une bonne ligne de défense pour la portion de l'Oise comprise entre Précy et Noisy.

La forêt de Carnelle, située au Sud de Beaumont, recouvre un massif montagneux qui commande la bifurcation des voies ferrées de Paris à Beaumont et à Luzarches, par Monsoult.

Cette forêt, très bien percée, est bordée par les routes qui mènent de Gouvieux, de Chambly et de l'Isle-Adam à Moisselles et à Saint-Denis.

La forêt de l'Isle-Adam s'étend entre l'Isle-Adam et Monsoult, au S.-O. de la forêt de la Carnelle; sillonnée par de bonnes routes et de belles allées, elle recouvre des croupes d'un accès souvent difficile.

La forêt de Montmorency revêt les pentes de trois montagnes qui s'allongent de l'E.-N.-E. à l'O.-S.-O., entre Enghien, Ecouen, Taverny et Villiers-Adam. Elle est assez bien percée. Sa partie Est est défendue par trois forts et une batterie.

§ IV. — Voies ferrées.

Ligne de Paris à Strasbourg. — Longueur jusqu'à Epernay, 142 kilomètres.

Stations : Paris, Pantin, Noisy, Bondy, le Raincy, Gagny, Chelles, Lagny-Thorigny, Esbly, Meaux, Trilport, Changis, la Ferté-sous-Jouarre, Nanteuil, Nogent-l'Artaud, Château-Thierry, Mezy, Varennes-Saulgonne, Dormans, Port-à-Binson, Damery-Boursau et Epernay.

Cette ligne, au sortir de Paris, longe la face Nord des hauteurs de Romainville, court le long de la lisière Sud de la forêt de Bondy, passe près de Chelles, enfin se rapproche de la Marne dont elle suit la vallée jusqu'à Epernay.

Pont sur le canal de l'Ourcq, au Sud de Bobigny; nombreux ponceaux près de Chelles; pont sur la Marne au moulin Grand-Pierre, sur le Grand-Morin, à Esbly, sur la Marne à Isle-les-Villenoy; deux ponts sur le canal de l'Ourcq, entre Meaux et Trilport; ponts sur la Marne, à Trilport et entre Armentières et Changis; pont sur le Ru-des-Eljaneaux à Ussy, sur la Marne au château de Soussoy, et aux Jardinets; tunnel de un kilomètre de longueur entre les Jardinets et Nanteuil; ponts sur la Marne à Nanteuil, sur le Ru-de-Vergis à Nogent-l'Artaud, sur le Ru-du-Dolloir à Chézy, sur le Surmelin près de Mézy.

Ligne de Soissons à Reims. — Longueur, 55 kilomètres.

Stations : Soissons, Ciry-Sermoise, Braisne, Fismes, Jonchery, Muizon et Reims.

Cette ligne, détachée à Soissons (faubourg de Reims) de la ligne de Paris à Laon, longe la rive gauche de l'Aisne jusqu'à Sermoise où elle entre dans la vallée de la Vesle qu'elle suit jusqu'à Reims.

Ponts sur la Vesle au N.-O. de Bazoches, à Fismes et à l'Ouest de Reims.

Ligne de Paris à Soissons et à Laon. — Longueur, 140 kilomètres.

Stations : Paris, le Bourget, Aulnay, Sevran-Livry, Mitry-Claye, Dammartin, le Plessis, Nanteuil, Ormoy, Crépy, Vaumoise, Villers-Cotterets, Longport, Vierzy, Berzy, Soissons, Crouy, Margival, Anizy-Pinon, Chailvet-Urcel, Clacy-Mons et Laon.

Cette ligne traverse la grande plaine qui s'étend au N.-E. de Paris, passe entre les montagnes de Dammartin et de Montgé, rencontre à Crépy la ligne de Senlis, s'enfonce dans la forêt de Villers-Cotterets, franchit l'Aisne à Soissons et gagne Laon par de nombreux circuits.

Ponts sur le canal de Saint-Denis à Aubervilliers, sur la Biberonne à Compans, sur la Nonette à Nanteuil-le-Haudoin, sur la Savières près de Corcy; tunnel de 1,500 mètres de longueur entre Vierzy et Léchelle; longue chaussée entre Léchelle et Visigneux; ponts sur la Crise à Noyant, et sur l'Aisne à Soissons; tunnel de 250 mètres de longueur entre Neuville et Vauxaillon; nombreux ponceaux au Sud de Laon.

Ligne de Chantilly à Crépy-en-Valois. — Longueur, 36 kilomètres.

Stations : Chantilly, Vineuil, Saint-Firmin, Senlis, Barbery, Auger, Saint-Vincent et Crépy.

Cette ligne se greffe sur la ligne de Creil à Saint-Denis, près des usines de Chantilly. Elle suit la rive droite de la Nonette jusqu'à Senlis; de là, elle gagne Crépy-en-Valois en contournant quelques massifs et en suivant la route de Senlis à Crépy.

Huit passages en dessus et un passage en dessous de Senlis à Crépy.

Ligne de Chauny à Saint-Gobain. — Longueur, 15 kilomètres.

Stations : Chauny, Sinceny, le Rond d'Orléans, Barisis et Saint-Gobain.

Cette ligne franchit l'Oise près de Chauny et traverse la forêt de Saint-Gobain.

Ligne de Laon à Reims. — Longueur, 53 kilomètres.

Stations : Laon, Coucy-les-Eppes, Saint-Erme, Amifontaine, Guignicourt, Loivre et Reims.

Après avoir contourné les montagnes du Laonnais, cette ligne franchit l'Aisne à Guignicourt, puis la Suippe, pour entrer dans le camp de Reims par la dépression qui existe entre Brémont et Saint-Thierry.

Ligne de la Fère à Laon. — Longueur, 22 kilomètres.

Stations : la Fère, Versigny, Crépy-Couvron et Laon.
Cette ligne suit la lisière N.-N.-E. de la forêt de Saint-Gobain.

Ligne de Paris à Creil par Chantilly. — Longueur, 51 kilomètres.

Stations : Creil, Chantilly, Orry, Survilliers, Louvres, Goussainville, Villiers, Pierrefitte, Saint-Denis et Paris.

Au sortir de Saint-Denis, cette ligne passe entre le fort de Stains et la redoute de la Butte-Pinçon; elle gagne ensuite la route de Senlis, près de Louvres, traverse les forêts d'Orry, de Coye et de Chantilly, puis, franchissant l'Oise près de Trossy, va se souder à la ligne de Paris-Saint-Quentin.

Un passage en dessous et un passage en dessus entre Paris et Saint-Denis; ponts sur le canal de Saint-Denis, et sur le Rosne près d'Arnouville; quatre passages en dessus et cinq passages en dessous d'Arnouville à Louvres; pont sur la Thève au château de la Reine-Blanche; grand viaduc à Chantilly; pont sur l'Oise, près de Trossy.

Ligne de Paris à Creil par Saint-Ouen-l'Aumône. — Longueur, 68 kilomètres.

Stations : Paris, Saint-Denis, Epinay, Enghien, Ermont, Franconville, Herblay, Pierrelaye, Pontoise, Saint-Ouen-l'Aumône, Auvers, Valmondois, l'Isle-Adam, Champagne, Beaumont, Boran, Précy, Saint-Leu et Creil.

Cette ligne passe sous les ouvrages de Cormeil, franchit l'Oise près des Epluches, puis suit la rive droite de cette rivière jusqu'à Creil.

Ligne de Paris à Luzarches. — 36 kilomètres.

Stations : Paris, Monsoult, Belloy, Viarmes et Luzarches.

Cette ligne contourne, au Sud, la montagne de Carnelle.

D'autres voies ferrées sont ou en construction ou prêtes à être livrées à la circulation. Ce sont :

1° La ligne d'Anézy-le-Château à Sinceny ;

2° La ligne de Château-Thierry à Laon, par Savenay, Braisne et Vailly ;

3° La ligne de Soissons à Neufchâtel, par Vailly et Condé ;

4° La ligne de Reims à Dormans, par Ville-en-Tardenois ;

5° La ligne de Villers-Cotterets à Château-Thierry, par Neuilly ;

6° La ligne de Neuilly à Trilport, par Coulombs ;

7° La ligne de Coulombs à Ormoy-Villers, par Betz.

§ V. — Considérations militaires.

Le pays compris entre l'Oise et la Marne a pour nous une valeur défensive considérable. Il est sculpté d'une manière tellement bizarre et, pour ainsi dire, tellement hachée, que les lignes de défense se rencontrent à chaque pas et dans toutes les directions.

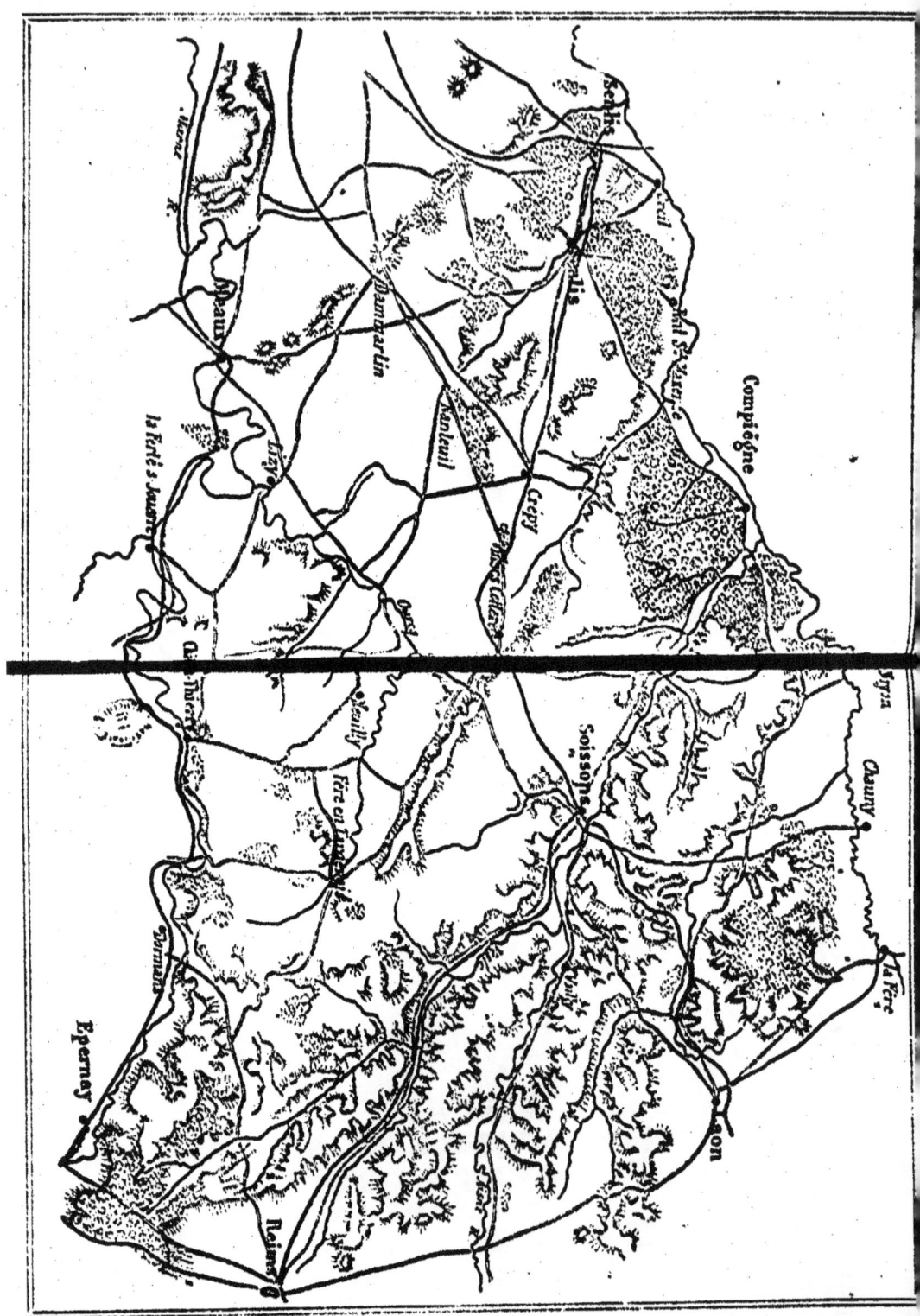

Il est fermé au S.-O. par le camp de Paris; au N.-E., par les camps de la Fère, de Laon et de Reims; au N.-O., par l'Oise; et au Sud par la Marne.

A l'intérieur, se trouvent les secteurs de défense suivants :

1° Le plateau boisé de Saint-Gobain, bordé au N.-E. par les ouvrages de la Fère et de Laon; au Nord, par la place de la Fère; au N.-O., par l'Oise et sa large bande de terrains humides, par le canal de l'Oise à Manicamp et les forts d'Amigny; au S.-O. et au Sud, par la vallée de la Lette; à l'Est, par la place de Laon;

2° Le massif entre Aisne et Lette, couvert : au N.-O., par l'Oise et les terrains marécageux et boisés qui bordent la rive gauche de cette rivière entre Chauny et Compiègne; au Nord, par la vallée de la Lette, par les ouvrages de la forêt de Saint-Gobain et ceux de Laon; à l'Est, par les falaises boisées que longent les plaines basses et humides de Craonne; au Sud, par l'Aisne et la place de Soissons;

3° Le massif compris entre l'Aisne et la Vesle, que couvrent à l'Est le camp de Reims et les falaises de Champagne;

4° Le pays limité par l'Aisne, prolongé par la Vesle, par les montagnes du Tardenois, le chaînon de Villers-Cotterets, l'Automne et l'Oise;

5° Le pays compris entre l'Oise, le chaînon Beaumont-Saint-Witz-Meaux, l'Ourcq ' le chaînon de Villers-Cotterets;

6° Le massif entre Marne et Ourcq;

7° Le pays compris entre l'Oise, la Seine, la Marne et le chaînon Beaumont-Saint-Witz-Meaux.

Les principales portes de ce pays sont :

    A) la vallée de l'Aisne, vers Neufchatel;

    B) Château-Thierry;

    C) Compiègne;

    D) La-Ferté-sous-Jouarre;

    E) Meaux;

    F) Creil;

    G) Pont-Sainte-Maxence.

A) La *vallée de l'Aisne*, s'ouvrant face à la trouée Verdun dans laquelle s'engage la route de Rethel, et Mézières, est le chemin que doit nécessairement prendre toute armée d'invasion qui se dirigerait de Thionville sur Paris, ou chercherait à isoler les camps de Reims, de Laon et de la Fère.

Cette manœuvre, d'une simplicité élémentaire, aurait de graves conséquences pour nous, si ces différents camps ne renfermaient pas une garnison mobile suffisante. En effet, supposons que l'armée française, battue derrière la Meuse, soit allée prendre position derrière la Marne, vers Châlons, appuyant ses ailes à Reims et à Vitry.

Dans cette supposition, rien de plus facile pour les Allemands que de la couper de Paris et de la rejeter sur Troyes ou sur Châtillon en l'obligeant à lui présenter le flanc pendant tout ce mouvement de retraite.

Masquant leur mouvement par des corps détachés qui

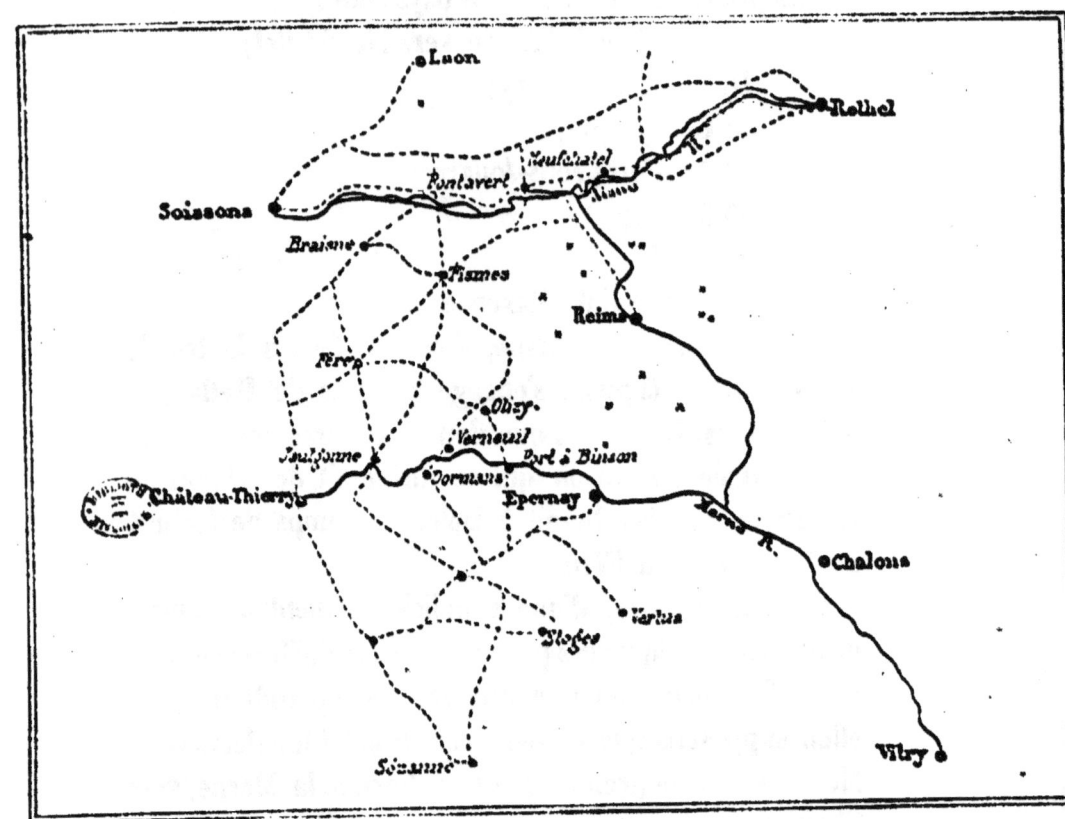

suivraient les Français vers la Marne, ils pourraient, en quatre jours, porter le gros de leurs forces de Rethel à Dormans et à Château-Thierry, sur les derrières de l'armée française, en contournant le camp de Reims par la vallée de l'Aisne, Fismes ou la Fère-en-Tardenois.

Ce corps ennemi y arriverait au moment même où l'armée française entrerait dans Châlons.

Les voies de communication existant dans cette région se prêteraient du reste si admirablement à cette manœuvre que les Allemands pourraient se porter sur Neufchâtel par quatre routes différentes, et par trois routes de Neufchâtel sur Pontavert et sur Fismes. De Fismes, leurs colonnes se dirigeraient simultanément sur Port-à-Binson, Verneuil, Dormans, Jaulgonne et Château-Thierry.

Ce mouvement connu, l'armée française n'aurait plus qu'à se retirer vivement derrière la Seine, vers Nogent ou sur le plateau d'Othe.

Un fort établi à Berry-au-Bac, et qui commanderait le canal latéral de l'Aisne et la route de Neufchâtel à Soissons, pourrait seul arrêter ce mouvement.

Si de fortes colonnes mobiles se trouvaient dans les camps de Reims et de Laon, l'ennemi ne pourrait tenter l'opération ci-dessus indiquée qu'en courant les plus grands risques; car les garnisons françaises de ces camps pourraient, pendant sa marche, l'attaquer soit de flanc, soit à revers, et, dans tous les cas, le couper de ses communications.

B) Château-Thierry. — L'ennemi ne peut chercher

à forcer le passage de la Marne à Château-Thierry que dans le cas où une armée française, après avoir vainement défendu les falaises de Champagne, se retirerait derrière la Marne, avec l'intention de manœuvrer dans le rayon des places de Reims, de Soissons, de Laon et de la Fère.

La Marne peut facilement être défendue.

Outre les ponts de Château-Thierry, il s'en trouve encore à Dormans, à Jaulgonne, à Mont-Saint-Père, à Nogent-l'Artaut, à Nanteuil et à Luzancy.

Des ponts de bateaux peuvent aussi être jetés à Sauvigny, à Azy et à Charly.

Pour défendre Château-Thierry, on peut occuper le demi-cercle de hauteurs qui commande la ville, mettre cette dernière en état et construire des batteries : au bois du Loup, sur le mamelon de Courteau, en arrière du Chesneau et sur la côte de Gland.

Cette position, rendue ainsi très forte, n'exigerait l'emploi que d'un rideau d'infanterie. Aussi est-il probable qu'au lieu de l'attaquer de front, l'ennemi chercherait à la déborder.

Pour l'en empêcher, il faudrait, de toute nécessité, élever des ouvrages au Limon, aux plâtrières de Croutles, près de la ferme de Montrégny, en arrière de Charly, sur la côte de Saulchery, sur celles de Mont-Saint-Père et de Chartèves, sur les coteaux de Barzy et de Courcelles, enfin en arrière des Chassins.

Battue sur cette position, l'armée française pourrait encore s'arrêter sur les hauteurs du Grand-Rozoy; puis derrière l'Aisne, vers Soissons.

C) Compiègne. — Il ne serait guère possible à l'ennemi de forcer le passage de l'Oise à Compiègne, si la forêt était occupée et le mont Ganelon gardé par un ouvrage.

Une diversion par l'extrémité Nord de la forêt de Laigue aurait peut-être quelque chance de réussir; mais l'armée chargée de cette mission aurait aussi à forcer le passage de l'Aisne en s'emparant des falaises qui bordent la rive gauche de cette rivière.

D) La Ferté-sous-Jouarre. — La Ferté-sous-Jouarre, n'étant pas reliée par de bonnes routes aux points stratégiques de la région, n'a pas et ne pourrait avoir une importance bien considérable.

Cette ville peut cependant servir de point d'appui à un mouvement tournant dirigé contre la position de Château-Thierry.

E) Meaux. — Ainsi que nous l'avons déjà dit, Meaux peut être facilement fortifié; dans ce cas, et grâce à sa proximité du camp de Paris, l'ennemi ne pourrait investir complètement ni l'une ni l'autre de ces deux villes, car le plateau compris entre le Grand et le Petit-Morin lui serait complètement fermé, ce qui l'obligerait à s'étendre outre mesure.

Occuper Meaux, c'est aussi tendre la main à l'armée qui occuperait le camp de Reims.

Pour l'ennemi, Meaux ne peut avoir que la valeur d'un pont, d'un nœud de routes; il devrait cependant tout faire pour empêcher son occupation par l'armée de Paris.

F) Creil. — Creil, couvert en avant par l'Oise, et, sur ses autres faces, par la forêt d'Halatte et les rognons montagneux qui occupent l'intérieur de cette forêt, est susceptible d'une bonne défense. Malheureusement, il est trop éloigné du camp de Paris pour que la garnison de cette place puisse l'occuper d'une manière permanente.

Il ne rendrait donc, en somme, de grands services qu'à l'ennemi, tant pour la garde de ses communications avec Amiens, que comme point d'appui d'opérations ayant pour objet de contenir, soit l'armée de Paris, soit une armée de secours.

Creil serait aussi une tête de ligne fort importante pour une armée d'investissement.

G) Pont-Sainte-Maxence. — Pont-Sainte-Maxence est couvert, comme Creil, par la forêt d'Halatte.

Par cette ville, on peut tourner Creil et la forêt de Compiègne

CHAPITRE IV.

Pays compris entre la Seine et la Marne.

§ I. — HYDROGRAPHIE.

Cours de la Seine entre le confluent de l'Aube et Paris. — Entre Marcilly et Nogent, la Seine coule dans une plaine basse que recouvrent des prairies étendues.

A signaler sur la rive gauche le bois de Romilly et le canal de Nogent à Marcilly. De nombreux ruisseaux ou canaux d'irrigation sillonnent le versant droit de la vallée.

Ponts à l'Est de Conflans, à Pont-sur-Seine, à Marnay et à Nogent.

Nogent est bâti sur la rive gauche de la Seine; sur la rive droite, se trouve le faubourg des Ponts. La ville est dominée au Nord et au Sud.

Des routes relient Nogent à Troyes, à Sézanne, à Provins, à Montereau, à Villemaur, et à Villeneuve-l'Archevêque.

Il est question de construire des forts sur la côte de

Fontaine-Denis, à Villenauxe, sur l'éperon de la Saulsotte, à Mâcon et à Romilly.

De Nogent à Bray, la vallée de la Seine est très large.

Sur la rive droite, courent toujours de nombreux ruisseaux, parallèles à la Seine et dont les bords sont couverts de taillis ou de prairies humides.

A gauche, le terrain est un peu plus élevé; on y rencontre un grand nombre d'étangs.

Pont et bac à Nogent; pont à Bray.

Bray est bâti sur la rive gauche de la Seine. Des routes relient cette ville à Provins, à Coulommiers, à Donnemarie, à Montereau, à Pont-sur-Yonne et à Sens.

Entre Bray et Montereau, la vallée de la Seine offre le même aspect qu'entre Nogent et Bray. Toutefois, à quelques kilomètres de Montereau, les hauteurs de la rive droite se rapprochent du fleuve, tandis que celles de l'autre rive s'abaissent.

Ponts à la Tombe, à Marolles et à Montereau.

Montereau occupe la rive droite de la Seine, au confluent de l'Yonne, face aux hauteurs abruptes sur lesquelles s'élève le château de Surville. Les faubourgs Saint-Nicolas et Saint-Maurice sont bâtis de l'autre côté de l'Yonne.

Montereau communique par d'excellentes routes avec Melun, Mormant, Nangis, Provins, Nogent, Sens, Montargis, Nemours et Fontainebleau.

C'est le point de rencontre des lignes qui passent à Dijon et à Troyes.

De Montereau à Melun, la Seine remonte au N.-O., sa vallée est très resserrée : à droite, par les bois de Valence et de Barbeau ; à gauche, par la forêt de Fontainebleau.

Le Loing se jette dans la Seine près de Saint-Mammès.

Ponts à Saint-Mammès, à Champagne, à Samoreau ; bac à Héricy ; pont et bac à Fontaine-le-Port ; pont à Chartrettes ; double pont à Melun.

Melun est bâti partie sur les coteaux de la rive droite, partie dans une île formée par la Seine, et partie sur la rive gauche (faubourg Saint-Ambroise).

Le bois de la Rochette, qui forme la pointe Nord de la forêt de Fontainebleau, entoure ce dernier faubourg.

Melun est relié par des routes à Corbeil, à la Ferté-Alais, à Malesherbes, à Fontainebleau, à Montereau, à Bray, à Provins, à la Ferté-Gaucher, à Coulommiers, à Meaux, à Lagny et à Paris.

Cette ville, dont l'importance militaire est considérable, serait difficilement défendue à cause des bois qui l'enserrent.

Toutefois, des ouvrages élevés sur le mont des Joies, sur le mamelon du Bois-de-Vert-Saint-Denis, sur le mamelon de Rubelles, au moulin de Vaux, près d'Egreffin, à Livry et au Sud de Dammarie, permettraient une assez longue résistance.

Entre Melun et Corbeil, la rive droite de la Seine est très boisée ; la rive gauche est généralement plus découverte. Çà et là, des coteaux à pente roide bordent le fleuve.

Bacs près de Mée, à Boissettes, à Vauve; ponts au château de Sainte-Assise et à Corbeil.

Corbeil est bâti au confluent de l'Essonne, sur les deux rives de la Seine. Des coteaux l'enserrent de toutes parts.

Entourée de plateaux peu mouvementés, cette ville serait facilement mise en état de défense.

De bonnes routes font communiquer Corbeil avec Paris, Coulommiers, Melun, Fontainebleau, Malesherbes, Arpajon et Versailles.

Après Corbeil, les rives de la Seine s'abaissent.

La forêt de Sénart borde le fleuve à droite, de Corbeil à Draveil.

Vers Ablon et Viry, l'Orge se déverse par deux bras dans la Seine; un peu plus loin, l'Yères rentre dans le fleuve à Villeneuve-Saint-Georges.

Cours du Surmelin. — Le Surmelin a sa source à quelques kilomètres de Montmort.

Ses rives sont difficiles. A droite, la forêt de Vassy; à gauche, des plateaux que recouvrent de nombreux étangs.

Le Surmelin arrose Montmort et Condé-en-Brie.

Il se jette dans la Marne vis-à-vis Jaulgonne.

Cours du Petit-Morin. — Le Petit-Morin prend sa source dans les marais de Morains-le-Petit.

Il franchit les falaises de Champagne à Saint-Prix, et coule dans une vallée très étroite jusqu'à la Ferté-sous-Jouarre où il se jette dans la Marne.

Le Petit-Morin passe à Montmirail.

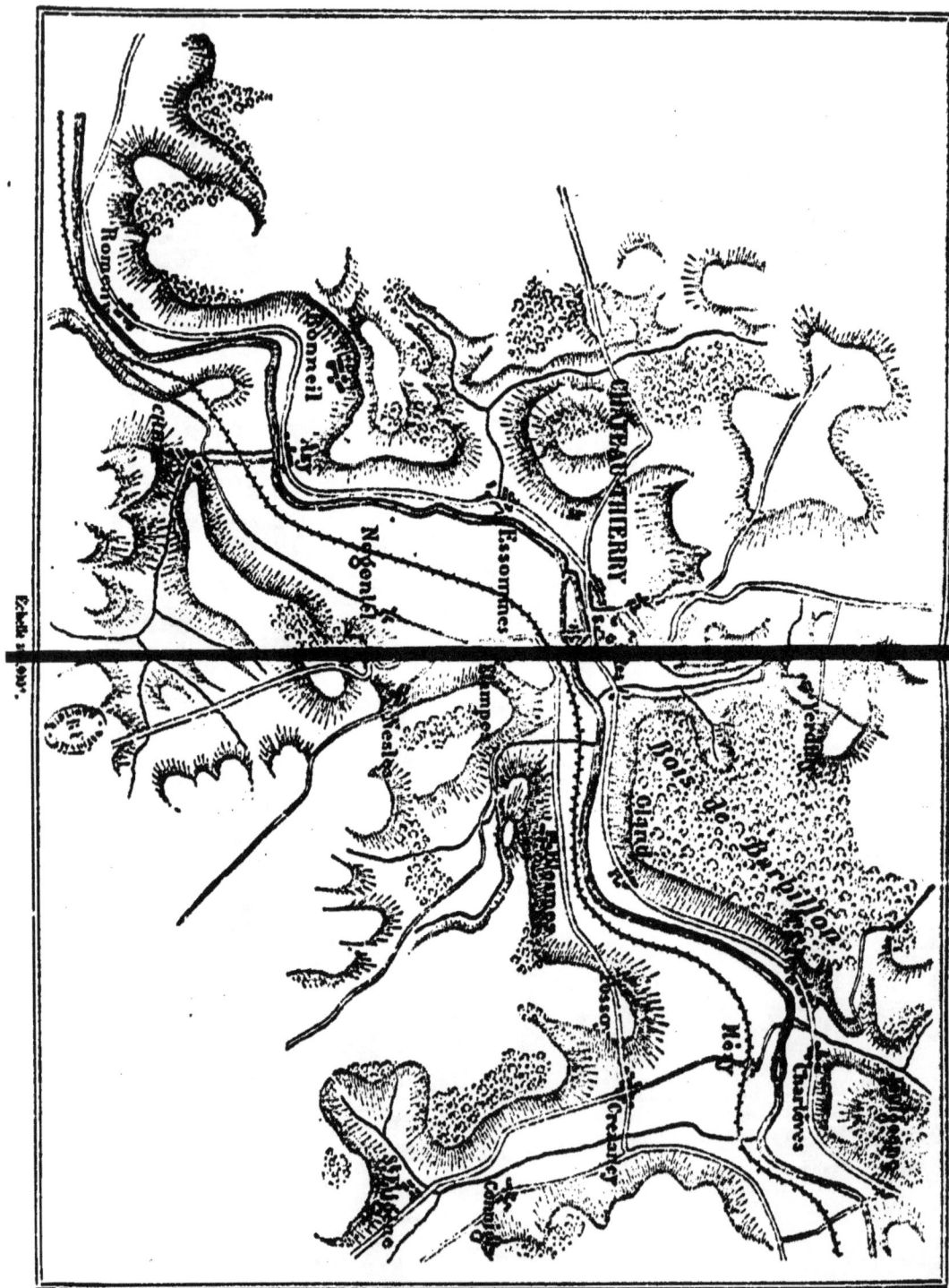

Cours du Grand-Morin. — Le Grand-Morin sort des falaises de Champagne à Lachy. Il passe près de Sézanne, sépare la forêt de la Traconne de celle de la Loge-à-Gond, arrose Esternay; reçoit, aux environs de la ferme de la Queue, le Ru-de-Bonneval; passe à la Ferté-Gaucher; reçoit, à la ferme d'Autheil, le Ru-de-Courny, et, près de Coulommiers, le Ru-des-Avenelles; baigne Coulommiers; se grossit, à Pommeuse, de l'Aubetin; rejoint la forêt de Crécy; enfin passe à Crécy et se jette dans la Marne à Iles-les-Villenoy.

Cours de l'Yères. — L'Yères prend naissance dans la forêt de Malvoisine, près de Pezarches. Il arrose Rozoy-en-Brie, reçoit l'Yvron à Pompierre, passe à Chaumes, recueille l'Avon au pont des Seigneurs, et, après de nombreux circuits, va se perdre dans la Seine à Villeneuve-Saint-Georges.

§ II. — Orographie.

Le pays compris entre la Seine et la Marne est peu accidenté. Les affluents de la Marne coulent, il est vrai, dans des vallées quelque peu ravinées; mais ces dépressions sont loin de présenter un obstacle sérieux à la marche d'un corps d'armée. Cependant, les falaises de Champagne, qui limitent cette région à l'Est, ont une certaine valeur défensive.

Elles se dressent semblables à une immense muraille, au-dessus des plaines de la Champagne Pouilleuse; leur crête sert souvent de lisière à des bois et même à des forêts épaisses; à leur base, s'étendent fréquemment des terrains marécageux.

En avant de cette muraille, comme des sentinelles avancées, quelques montagnes isolées sont semées çà et là dans la plaine.

Trois routes seulement franchissent les falaises de Champagne, ce sont :

La route de Vertus à Port-à-Binson;

Celle de Bergères-les-Vertus à Montmirail;

Celle qui, de Sézanne, va en se ramifiant ensuite à Epernay, à Montmirail, à la Ferté-Gaucher, à Rozoy et à Provins.

Ainsi qu'il a été dit plus haut, les falaises de Champagne ne peuvent être protégées que par une armée spécialement chargée de la défense de Paris et de ses abords; mais il serait imprudent, vu leur éloignement, d'y attendre l'ennemi, quelle que soit, du reste, sa force.

Un dernier mot. Nous croyons que Sézanne, où vont aboutir la plupart des routes qui conduisent du bassin de l'Aube à Paris, devrait être défendu par des ouvrages sérieux.

§ III. — Forêts.

Parmi les forêts remarquables de ce pays, nous citerons : celles d'Enghien et de Vassy, de la Traconne, d'Armainvillers, de la Lechelle, de Crécy, de Rougeau, de Rouges-Fossés, de Beaumont, du Gault, de Malvoisine, de Jouy et de Sourdun.

Les *forêts d'Enghien et de Vassy* couronnent le plateau qui s'étend entre le Surmelin et Épernay. Les nombreux étangs couvrant les parties supérieures de ce plateau y rendent la circulation très difficile.

Les routes de Dormans et de Vinay à Mareuil-en-Brie, de Port-à-Binson à Vertus, et d'Épernay à Montmort, traversent ces forêts.

La forêt d'Enghien borde le défilé d'Épernay et barre le rentrant d'Ablois par lequel on peut tourner les ouvrages d'Épernay.

A la *forêt de la Traconne* se rattachent la forêt de Saint-Gond, les bois de l'Abbé, de la Rochelle, de Montgenost, de la Comtesse, du buisson de Seu, de Près-du-But et du Gril-d'Ancan. Cet ensemble de terrains boisés occupe, sur les falaises de Champagne, l'espace compris entre Villenauxe et Sézanne.

Ces bois sont percés dans une seule direction; on y rencontre fréquemment des espaces très humides et des fondrières; il s'y trouve aussi quelques étangs.

La forêt de la Traconne est un peu mieux percée que les bois qui la touchent; elle est très mouvementée à l'intérieur; sa lisière Nord est quelque peu marécageuse.

La route de Sézanne à Coulommiers borde la lisière Nord du bois du Gril-d'Ancan. Celle de Sézanne à Nogent longe la lisière Sud de la forêt de la Traconne, du bois de l'Abbé et du bois de Montgenost.

La *forêt d'Armainvilliers*, prolongée au Sud par la forêt de la Lechelle, se rattache, au Sud-Est, à la forêt de

Crécy, par les bois de la Guette, d'Hermières, de la Motte et de Fauviner.

Elle a sa lisière Ouest coupée par l'importante voie ferrée de Paris-Mulhouse. Très bien percée elle repose sur un terrain plat et sec. Cette forêt est traversée, du Nord au Sud, par la route de Lagny à Meaux; et du N.-O. au S.-E., par celle de Paris à Tournan. Quatorze fermes, dix châteaux, deux hameaux et onze villages forment à cette forêt une excellente ceinture dont la défense pourrait tirer fort avantageusement parti.

La forêt d'Armainvilliers couvre Paris au S.-E.

La *forêt de la Lechelle* borde, à l'Ouest, le chemin de fer de Paris à Mulhouse, entre Gretz et Courquetaine; c'est une longue bande de bois orientée du Nord au Sud; elle est traversée par la route de Tournan à Brie-Comte-Robert, et par celle de Lagny à Meaux.

La *forêt de Crécy* forme un arc de cercle limité par Crécy, la Houssaye et Lumigny. Très bien percée, elle livre passage aux routes de Melun à Meaux, et de Lagny à Pezarches. Entre Tigeaux et Mortcerf, la lisière Est est constituée par des rampes abruptes; les lisières Ouest et Sud sont un peu humides. A la corne S.-E. se trouve l'étang de Lumigny.

La forêt de Crécy est traversée par les voies ferrées de Gretz-Coulommiers et Lagny-Mortcerf.

Entre Corbeil, Villeneuve-Saint-Georges, l'Yères et la Seine se développe la forêt de Senart, que traverse la route de Paris à Melun. Sa lisière Ouest est bordée par la route qui va de Melun à Villeneuve-Saint-Georges.

La circulation est facilitée, dans cette forêt, par un grand nombre de grandes avenues, d'allées et de sentiers qui se coupent à angles égaux.

La *forêt de Rougeau* est située sur la rive droite de la Seine, à trois kilomètres S.-E. de Corbeil.

Cette forêt, très bien percée, est traversée par la route de Corbeil à Melun.

Sa lisière Sud se termine à la Seine en pente très roide. A la corne S.-O., perché sur le sommet d'un mamelon, le château des Roches; à l'Est, le château de Nandy; au N.-O., le château de la Grange-la-Prévôté.

La *forêt de Rouges-Fossés*, au Nord de Montmirail et distante d'environ deux kilomètres de cette ville, occupe le terrain compris entre la source du Dhuis et le Petit-Morin. Elle est très bien percée.

La route de Condé à Montmirail traverse sa partie N.-E.

La *forêt de Beaumont* est située entre Vauchamps et Bergères-sous-Montmirail. Elle est bornée au Sud par le Petit-Morin, et au Nord par la route de Vertus à Montmirail.

Cette forêt est assez bien percée.

La *forêt du Gault* touche d'un côté au Grand-Morin, d'un autre côté au Petit-Morin. Elle a pour limite à l'Est la route qui mène de Montmirail à Courgivaux.

Elle est bien percée et recouvre un terrain assez mouvementé.

La *forêt de Malvoisine* voit son territoire circonscrit entre l'Aubetin, Faremoutiers, la forêt de Crécy et la route de Melun à Coulommiers; des voies assez nombreuses en facilitent le parcours.

La *forêt de Jouy*, prolongée par les Bois-Francs et le bois de Quincy, est située à 8 kilomètres N.-O. de Provins; sa direction est l'E.-N.-E., O.-S.-O.

Cette forêt est traversée par la route de Rozoy à Provins. Une grande clairière, au milieu de laquelle on peut voir encore les restes de l'abbaye de Jouy, en occupe la partie centrale.

La *forêt de Sourdun* suit la crête des falaises de Champagne, de Gouaix à Chalautre.

C'est une longue bande de bois, bien percée, que traversent les routes de Provins-Nogent, et Sourdun-Hernie.

§ IV. — Voies ferrées.

Ligne de Paris à Gretz, Longueville et Provins. — Longueur, 95 kilomètres.

Stations : Paris, Pantin, Noisy-le-Sec, Rosny, Nogent-sur-Marne, Villiers, Emerainville, Ozouër-la-Ferrière, Gretz-Armainvilliers, Villepatour, Ozouër-le-Voulgis, Verneuil, Mormant, Grandpuits, Nangis, Maison-Rouge, Longueville et Provins.

Cette voie, après avoir contourné la montagne de Romainville, passe sous le feu des forts de Romainville, de Noisy, de Rosny et de Nogent. Elle franchit ensuite la Marne près de Nogent, passe près du fort de Villiers, traverse la forêt d'Armainvilliers, franchit l'Yères près d'Ozouër-le-Voulgis, borde le bois de Vitry et court ensuite sur des plateaux découverts jusqu'à Longueville où elle entre dans la vallée de la Voulzie, qu'elle longe jusqu'à Provins.

Pont sur la Marne à Nogent et à Lagny; nombreux ponceaux entre ce point et Emerainville; ponts sur l'Yères près de la ferme de la Forest, sur le canal de Provins à Longueville, à la Pisserotte et au moulin des Bruyères.

Ligne de Gretz à Coulommiers. — Longueur, 33 kilomètres.

Stations : Gretz, Mainville, Tournan, Marle, la Houssaye, Mortcerf, Guerard, Faremoutiers, Mourroux et Coulommiers.

Cette ligne franchit la vallée du Ru-de-la-Boissière, traverse la forêt de Crécy, et suit la rive gauche du Grand-Morin jusqu'à Coulommiers.

Ponts : 1° près de Tournan sur le Ru-de-la-Boissière; 2° près de la station de Marles; 3° sur l'Aubetin, près de Pommeuse.

Ligne de Longueville à Troyes. — Longueur, 78 kilomètres.

Stations : Longueville, Chalmaison, Flamboin-Gouaix, Herme, Melz, Nogent, Pont-sur-Seine, Romilly, Maizière,

Mesgrigny, Saint-Mesmin, Savières, Payns, Saint-Lie, Barberey et Troyes.

Cette ligne suit la vallée de la Voulzie jusqu'à Flamboin où elle entre dans la vallée de la Seine; elle franchit ce fleuve à Nogent et en suit la rive gauche jusqu'à Troyes.

Pont sur le ruisseau de Méances; nombreux ponceaux entre ce village et Nogent; deux ponts sur la Seine, l'un près du château de Bernières, l'autre entre Saint-Hilaire et Romilly.

Ligne de Romilly à Epernay. — Longueur, 91 kilomètres.

Stations : Romilly, Saint-Just, Anglure, Saint-Quentin, Barbonne, Sézanne, Linthes, Connantre, Fère-Champenoise, Morains, Colligny, Vertus, Mesnil, Avize, Oiry et Epernay.

Cette ligne franchit d'abord la Seine entre Romilly et Saint-Just, puis l'Aube à Anglure; elle se rapproche ensuite des falaises de Champagne qu'elle longe de Barbonne à Oiry.

Deux ponts sur la Seine, entre Romilly et Saint-Just, un troisième sur l'Aube à Anglure, enfin un quatrième sur le Petit-Morin à Morains-le-Petit.

Ligne de Montereau à Flamboin-Gouaix. — Longueur, 30 kilomètres.

Stations : Montereau, Noslong, Chatenay, Vimpelles, les Ormes et Flamboin-Gouaix.

Cette voie se détache de la ligne Paris-Lyon-Méditer-

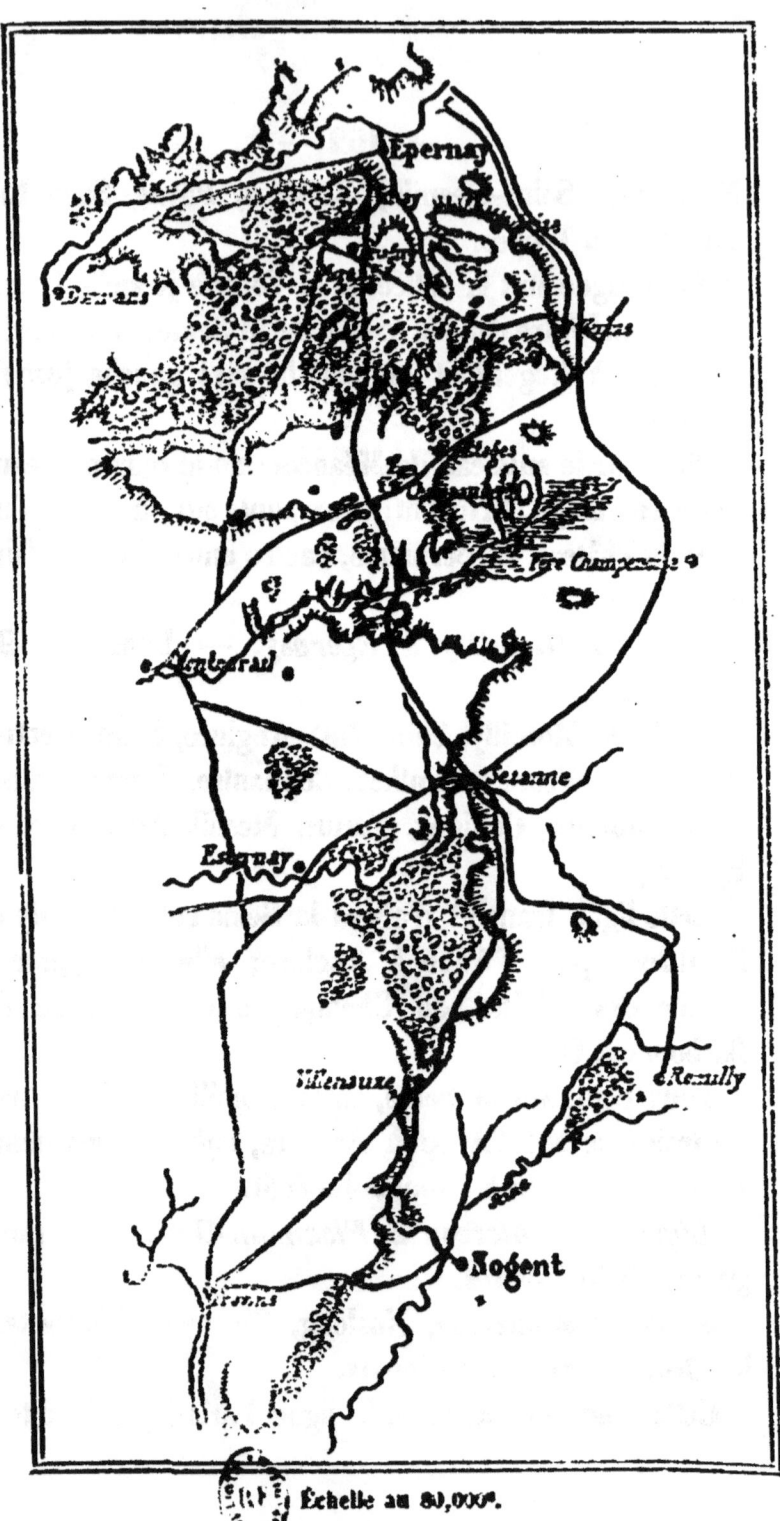

Échelle au 80,000°.

ranée à Monterau (Petit-Moscou), où elle franchit l'Yonne; elle passe ensuite près de Saint-Germain-Laval, sur la rive droite de la Seine qu'elle suit jusqu'à Flamboin.

Ponts : un sur l'Yonne à Montereau, deux sur la Seine à Saint-Germain-Laval et près de la ferme de la Grange, un sur le Ru-de-Valangy, près de Couture, un cinquième sur le canal de Provins, près des Ormes.

Ligne de Paris à Brie-Comte-Robert.

Stations : Paris, Reuilly, Bel-Air, Saint-Mandé, Vincennes, Fontenay, Nogent, Joinville, Saint-Maur, Parc-de-Saint-Maur, Champigny, la Varenne, Sucy-Bonneuil, Boissy-Saint-Léger, Limeil, Villecresnes, Mandres, Santeny et Brie-Comte-Robert.

Cette ligne, après avoir contourné, au Sud, la montagne de Romainville, suit la rive droite de la Marne, à partir de Fontenay jusqu'au moulin de Bonneuil, où elle franchit cette rivière; elle longe ensuite le parc de Gros-Bois où elle s'engage sur le plateau de Brie qu'elle ne quitte plus.

Ponts : 1° sur la Marne, au moulin de Bonneuil, vers le château du Piple, et près de la station de Limeil; 2° sur le Réveillon, à la ferme de Mont-Ezard.

Ligne de Lagny à Mortcerf.

Stations : Lagny, Serris, Villeneuve-le-Comte et Mortcerf.

Pont sur le Ru-des-Gassets.

Ligne Paris-Lyon-Méditerranée (voir page 181).

Diverses autres lignes sont, ou en construction, ou prêtes à être livrées à la circulation. Ce sont :

1° La ligne de Château-Thierry à Villiers-Saint-Georges, par Montmirail;

2° La ligne de Provins à Sézanne, par Villiers-Saint-Georges et Bouchy;

3°. La ligne de la Ferté-sous-Jouarre à Melun, par Coulommiers et Verneuil;

4° La ligne d'Esbly à Coulommiers, par la vallée du Grand-Morin.

§ VI. — Considérations militaires.

Le pays compris entre la Marne et la Seine offre à l'ennemi cinq grandes lignes d'invasion, savoir :

La route d'Epernay à Paris, par la vallée de la Marne;
— de Vertus à la Ferté-sous-Jouarre;
— de Sézanne à Paris, par Coulommiers et Lagny;
— de Nogent à Paris, par Provins et Brie;
— de Montereau à Paris, par Melun.

La route qui débouche d'Epernay est défendue par les ouvrages de Hautvillers; mais ces ouvrages peuvent être tournés par Ablois.

Quant à celles qui conduisent à Paris, par Nogent et Montereau, elles sont barrées par la Seine et par les falaises, et communément susceptibles d'une longue et vigoureuse défense.

Les routes passant par Vertus et Sézanne ont bien aussi à franchir les falaises de Champagne.

Il s'agit d'examiner maintenant s'il serait sage d'opposer

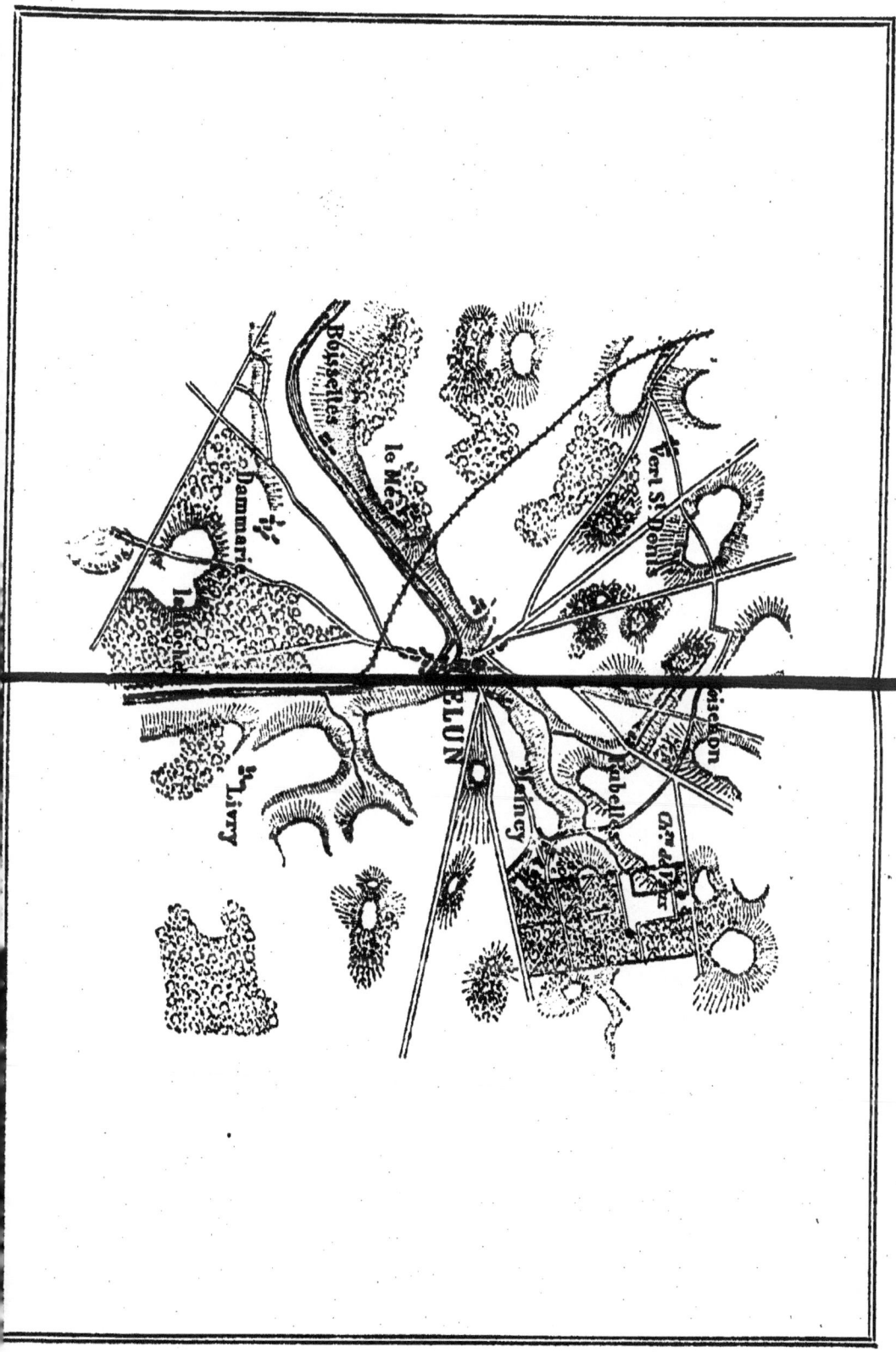

une résistance sérieuse sur la ligne Epernay-Sézanne-Montereau.

Défendre cette ligne, c'est s'adosser à Paris, et, par suite, s'exposer en cas d'insuccès à être rejeté sur cette place. Une grosse armée ne peut donc tenter semblable opération.

Toutefois, comme il peut arriver qu'une trop vive poursuite ou une fausse manœuvre force une armée française à combattre sur les falaises de Champagne, il ne nous semble pas dépourvu d'intérêt d'étudier quelles pourraient être, dans cette hypothèse, les chances de cette armée.

Les falaises de Champagne doivent, au point de vue militaire, être divisées en trois parties : 1° la ligne Epernay-Etoges; 2° la ligne Soisy-Sézanne-Villenauxe; 3° la ligne Villenauxe-Gouaix.

La ligne Epernay-Etoges est coupée par sept grandes voies; savoir : — la route d'Epernay à Paris; — le chemin d'Ablois à Port-à-Binson; — la route de Vinay à Montmirail, par Mareuil-en-Brie; — la route d'Epernay à Sézanne, par Montmort et Champaubert; — la route d'Avize à Montmort; — le chemin de Vertus à Ablois; — la route de Bergères-les-Vertus à Montmirail, par Champaubert.

Entre Epernay et Cuis, le Cubri a affouillé la falaise en y creusant de profonds ravins; les éperons ainsi formés ont leurs pentes très roides et se détachent vigoureusement.

Entre Cuis et Bergères-les-Vertus, les falaises s'étendent en ligne droite du Nord au Sud. De Bergères à Etoges, elles décrivent un grand arc de cercle dont la route d'Etoges à Bergères est la corde.

Des bois épais et de nombreux étangs couronnent les crêtes.

La multiplicité des lignes d'attaque exigerait une sérieuse mise en état de défense.

Il serait peut-être bon de construire des ouvrages en terre : 1° sur la côte d'Epernay, à l'Ouest d'Ablois, en arrière de Brugny, à la tête du ravin de Brugny; 2° sur la côte de Monthelon, à Cuis, à Avize, sur l'éperon de Morangis; près de Gionges, au Nord de Soulières, près de Givry, à Etoges et entre les étangs de Champaubert.

Cette position, gardée ainsi sur les ailes, d'un côté par les marais du Petit-Morin, de l'autre par les ouvrages d'Epernay, serait certainement très forte; cependant nous ne la considérons pas moins comme très dangereuse à occuper à cause de la direction des routes qui en desservent les derrières et qui conduisent toutes sur la Marne, à Port-à-Binson, à Dormans, à Jaulgonne, puis sur Laon.

La proximité du camp de Reims, qui forcerait l'ennemi à presser surtout Bergères et Etoges, la ligne de la Marne, mais surtout l'attraction qu'exercent les places fortes, tout concourrait à pousser vers le Nord l'armée française en retraite.

La ligne Soizy-Sézanne-Villenauxe, orientée du N.-E.

au S. O., appuie un de ses flancs aux marais du Petit-Morin, et l'autre aux ouvrages de Nogent.

Un rentrant de quelques kilomètres occupe l'espace compris entre Allemant et Soisy.

La forêt de la Traconne couronne la falaise entre Villenauxe et Sézanne.

Cette position communique avec Paris par deux routes; d'autres voies conduisent aussi de Sézanne et de Villenauxe à Melun.

Excellente ligne de défense, qui convient aussi bien à une armée chargée de couvrir Paris qu'à une armée détachée agissant pour son propre compte; d'autant plus que les ouvrages de Nogent, en mettant cette armée à l'abri d'une attaque de flanc, assureraient sa ligne de retraite.

La ligne Villenauxe-Guaix est couverte par la Seine, la forêt de Sourdun et les ouvrages de Nogent.

Elle ne peut être occupée que par l'aile d'une armée et utilisée que comme crochet défensif.

CHAPITRE V.

Pays compris entre la Seine et l'Yonne.

§ I. — Hydrographie.

Cours de l'Yonne. — De Joigny à Villeneuve, l'Yonne coule dans une vallée très resserrée par ses deux versants formés de pentes courtes, raides et couvertes de vignes.

A droite s'élève le massif de la forêt d'Othe.

Villeneuve-sur-Yonne est bâtie sur la rive droite, au confluent du Ru-Galard et du Ru-Saint-Ange. Les habitations y sont très resserrées. Le faubourg Saint-Nicolas, situé sur la rive gauche, est relié à la ville par un pont à cheval sur une île.

De Villeneuve à Sens, la vallée s'élargit; mais elle est toujours limitée par de fortes pentes.

A 3 kilomètres de Sens, les hauteurs de droite s'abaissent pour laisser passer la Vannes qui se jette dans l'Yonne à Sens.

Quatre barrages-écluses sont établis sur la rivière, entre Sens et Villeneuve.

Sens occupe la rive droite de l'Yonne. La vieille ville est bien percée et entourée d'un boulevard. Les faubourgs Saint-Didier, Saint-Antoine, Saint-Savinien et Saint-Pregts lui font une large ceinture. Sur la rive gauche se trouve le faubourg d'Yonne; un pont relie ce faubourg à une île, et cette île à la ville.

De Sens à Pont-sur-Yonne, la vallée est très resserrée à gauche; à droite, elle est basse et découverte. Les coteaux qui la bordent sont, comme en amont, plantés de vignes.

Bac à Saint-Denis; aqueduc vers Villeperot; pont à Pont-sur-Yonne.

De Pont-sur-Yonne à Montereau, la rivière coule en faisant de nombreux circuits dans une vallée d'environ 3 kilomètres de largeur. De gros villages sont bâtis sur ses rives.

Vers Misy, les hauteurs de la rive droite s'affaissent; celles de la rive gauche s'écartent pour se rapprocher de la Seine.

Bac à Courlon; ponts à Champigny et à Misy; bac aux Bordes; pont à Montereau.

Un tronçon de canal longe la rivière de Courlon à Vinneuf.

Cours de la Vannes. — La Vannes a sa source près de Fontvannes.

Elle reçoit le Lancre et le Bétro à Estissac, la Nosle près de Paisy, le Ru-de-Tremont à Vullaine; elle passe à Villeneuve-l'Archevêque, reçoit l'Alain à Molinons et se jette dans l'Yonne au Sud de Sens.

§ II. — Orographie.

Le pays compris entre Seine et Yonne est formé par deux massifs : celui de la forêt d'Othe (dont il a été parlé dans les considérations préliminaires) et celui qui s'étale entre ce dernier, l'Yonne et la Seine.

Les monts de la forêt d'Othe ont leurs versants Sud et S.-E. toujours plus inclinés que ceux qui regardent les autres faces.

Ce massif présente un fouillis de cônes, de pyramides, de rognons détachés, de croupes, de cols, d'arêtes, etc., qui n'offrent aucune disposition bien définie.

§ III. — Forêts.

Au Nord et à l'Est s'étendent de vastes plaines.

Les principales forêts du pays sont la forêt d'Othe et la forêt de Lancy.

Pour la *Forêt d'Othe*, se reporter à la première partie de cet ouvrage.

Quant à la *Forêt de Lancy*, à laquelle se rattachent les bois de Trainel, de Vaugrenier, de la Pierre-Couverte et de la vallée Forgeot, elle est située entre Trainel et Villeneuve-l'Archevêque.

Cette forêt, très mal percée, hérissée de mamelons et de collines, est généralement d'un accès assez difficile. Elle est traversée cependant par le chemin de grande communication qui mène de Grange-le-Bocage à Villeneuve.

§ IV. — Voies ferrées.

Ligne de Sens à Troyes. — Longueur, 66 kilomètres.

Stations : Sens, Saint-Savinien, Malay-le-Vicomte, Malay-le-Roi, Theil, Pont-sur-Vannes, Chigy, Foissy, Villeneuve-l'Archevêque, Bagneux, Vulaines, Saint-Benoit, Aix-en-Othe, Estissac, Fontvannes, Messon, Torvillers et Troyes.

Cette voie se détache à Sens de la ligne Paris-Lyon-Méditerranée, franchit l'Yonne et entre dans la vallée de la Vannes dont elle côtoie la rive droite jusqu'à Fontvannes; une coupure la conduit ensuite à Troyes.

Ponts sur l'Yonne à Sens, et au faubourg Saint-Didier ; sur l'Alain à Molinons, et sur le Bétro à Estissac.

§ V. — Considérations militaires.

Se reporter à la première partie de cette étude.

CHAPITRE VI.

Pays compris entre l'Yonne et le Loing.

§ 1. — Hydrographie.

Cours du Loing. — De Montargis à Souppes, la vallée du Loing est large d'un kilomètre environ; de Souppes à Nemours, elle ne mesure plus que 500 mètres d'un versant à l'autre.

Le Loing, longé à gauche par le canal du Loing, court constamment au pied des pentes roides et difficiles qui constituent le versant de la vallée. Sa rive droite est couverte de taillis et de prairies.

Le Loing reçoit le Biez vis-à-vis Nargis, le Bez et le Grand-Fusain, près du hameau de Nérouville.

Ponts à Montargis, à Cépoy, à Nargis, au moulin de Nançay, à Dordives, aux Grands-Moulins, à Souppes et à Nemours.

Nemours est bâti partie sur la rive gauche, partie sur la rive droite du Loing. Le canal contourne du côté de l'Ouest la ville, que des croupes et des mamelons rocheux et boisés dominent de très près à l'Ouest, au Sud et à l'Est.

La situation de ces hauteurs s'allongeant dans la direction du S.-E. et du S.-O., est fort défavorable pour la défense de la ville; en outre, les bois qui bordent Nemours permettraient à l'infanterie ennemie de couvrir de feux l'artillerie forcée de se poster sur l'autre rive, à portée de fusil, sous peine de n'avoir aucune vue sur le débouché de la vallée.

Nemours est la porte de la forêt de Fontainebleau.

Au sortir de Nemours, la rive gauche du Loing est gardée par le bois de la Commanderie et la forêt de Fontainebleau, sa rive droite est très resserrée par des collines à pentes courtes et raides.

A Fromonville, le canal du Loing passe sur la rive droite et la suit jusqu'au delà de Moret.

Après avoir reçu le Lunain à Episy, et l'Orvanne au-dessous de Moret, le Loing se jette dans la Seine à Saint-Mammès.

Cours de l'Orvanne. — L'Orvanne a sa source près de la ferme du Petit-Paris.

Elle coule dans une vallée basse et étroite.

Cette rivière arrose Vallery, Voulz et Dormelles.

Près de son confluent, elle forme un étang long de 1,500^m et large de 150 à 200^m (étang de Moret).

Cours du Lunain. — Le Lunain sort du bois de Paroux.

Jusqu'à Montacher, sa vallée est boisée et mal limitée.

Il passe à Chéroy et à Lorrez. Entre Chéroy et Trouzy, le Lunain coule au fond d'une coupure étroite, aux arêtes rocheuses. A partir de ce point sa vallée s'élargit et ses berges s'abaissent.

§ II. — Orographie.

Le pays compris entre Yonne et Loing est peu accidenté. Seules, la rive gauche de l'Yonne et les deux berges du Loing, dénudées à la base, profondément entaillées et corrodées par les eaux, méritent quelque attention.

Cette région est constituée par un grand plateau boisé, défoncé par de nombreux étangs, et dont les bords sont déchiquetés.

On rencontre pourtant quelques rognons montagneux vers le confluent du Loing et des arêtes rocheuses entre Villemaréchal et Nemours.

§ III. — Forêts.

Sauf la forêt de Montargis, il ne se trouve pas, entre l'Yonne et le Loing, d'espaces boisés considérables.

De nombreux bois ou bosquets, dont les lisières confinent à des étangs et à des marécages, couvrent l'intérieur du pays, entre Savigny, Montacher, Rozoy-le-Vieil et Ervauville.

§ IV. — Voies ferrées.

Ligne Paris-Lyon-Méditerranée. — Longueur, 146 kilomètres.

Stations : Paris, Melun, Bois-le-Roy, Fontainebleau, Thomery, Moret, Saint-Mammès, Montereau, Villeneuve-la-Guyard, Champigny, Pont-sur-Yonne, Sens, Villeneuve-sur-Yonne, Saint-Julien, Cezy et Joigny.

Cette ligne franchit la Seine à Melun, et après avoir longé ce fleuve s'engage dans la forêt de Fontainebleau ; entre Saint-Mammès et Moret, elle franchit le Loing, puis elle suit la rive gauche de la Seine jusqu'à Montereau, où elle entre dans la vallée de l'Yonne qu'elle remonte jusqu'à Joigny (rive gauche).

Ponts : sur la Seine à Melun, sur le Loing, à la station de Saint-Mammès, sur le Saint-Vrain et sur le Tholon, à Cezy.

Ligne de Moret à Montargis. — Longueur, 51 kilomètres.

Stations : Moret, Montigny, Bourron, Nemours, Souppes, Ferrières et Montargis.

Cette ligne suit la rive gauche du Loing jusqu'à Beau-Moulin où elle passe sur la rive droite qu'elle remonte jusqu'à Montargis.

Ponts : sur le Loing et sur son canal, à Beau-Moulin, sur le Bez, près de Dordives, sur le Biez près de Nargis.

Ligne de Sens à Montargis. — Longueur, 62 kilomètres.

Stations : Sens, Subligny, Egriselles, Vernoy, Savigny, Courtenay, Chuelles, Triguères, Châteaurenard, Saint-Germain-des-Prés, Amilly et Montargis.

Cette ligne traverse une région couverte de bois et

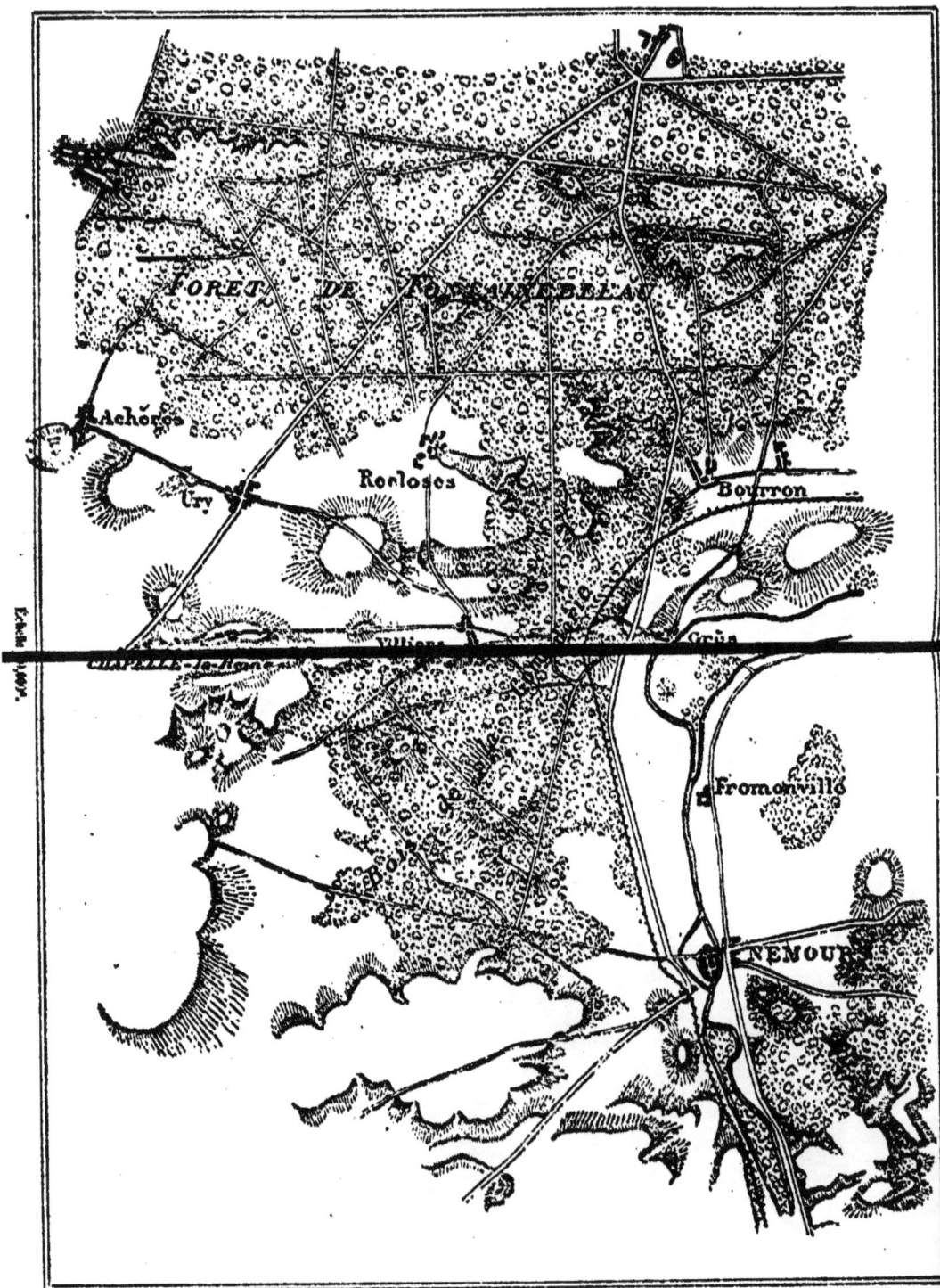

d'étangs jusqu'à Triguères, où elle franchit une première fois l'Ouanne; après avoir passé cette rivière une seconde fois, elle en suit la vallée pendant quelques lieues, puis s'engage dans celle du Loing qu'elle ne quitte plus jusqu'à Montargis.

§ V. — CONSIDÉRATIONS MILITAIRES.

La rive gauche de l'Yonne, entre Sens et Joigny, constitue une bonne position défensive, soit qu'il s'agisse de protéger la retraite de corps évacuant le plateau d'Othe, soit qu'on veuille y attendre l'ennemi de pied ferme. Il a déjà été indiqué dans la première partie de ce travail quels seraient les moyens de passage et les lignes de retraite à la disposition des troupes qui se retireraient du plateau d'Othe.

La ligne de l'Yonne, entre Sens et Joigny, se prête admirablement à une bataille défensive-offensive.

Une fois les faubourgs de Sens et les villages adjacents mis en état de défense, Sens pourrait être transformée en tête de pont offensive au moyen d'ouvrages en terre élevés au bois d'Hure, au N.-O. de Saligny, au bois Mitois, sur le Haut-de-Villers, à la petite Chatière, à la ferme de Beauregard, à la corne N.-E. du bois de la grande vallée, au N.-O. de la Maitre, au N.-O. du val Ipéronne et au bois du Chapitre.

Ces dispositions arrêtées dans le double but de se ménager la possibilité de reprendre l'offensive au moment voulu, et de fermer à l'ennemi le principal passage par où il pourrait rentrer dans la région, il s'agirait d'empêcher les envahisseurs de déboucher par Joigny.

Or, pour atteindre cet objectif, ce n'est pas à Joigny même qu'il faudrait se placer, vu le commandement qu'ont sur cette ville les coteaux d'alentour. C'est donc de l'autre côté de l'Yonne que, dans ce cas, devraient être exécutés les travaux de défense.

Il serait utile de construire des ouvrages sur la montagne qui sépare Paroy de Senan, sur l'éperon de Béon, à Volgré, sur la côte de Champvallon et à l'Est de la Celle-Saint-Cyr.

Afin d'empêcher l'ennemi de percer le centre de la ligne, on détruirait les écluses et les ponts de Villevallier et de Villeneuve, puis on élèverait des ouvrages : sur la côte de Paron, sur les côtes Nord et Sud de Marsangy, sur l'éperon de Château et sur les côtes Nord et Sud de Saint-Julien-du-Sault.

Pour attaquer cette position, l'ennemi serait considérablement gêné par le manque de voies de communication.

En effet, toutes les routes qui viennent du plateau d'Othe aboutissent à Sens et à Joigny. Quelques chemins très tortueux mènent encore à Villeneuve et sur les bords de l'Yonne ; mais ces chemins, d'un accès difficile, ne pourraient livrer passage qu'à des détachements de peu d'importance.

L'ennemi devra donc forcément, soit chercher à tourner la position par Pont-sur-Yonne ou Auxerre, soit diriger tous ses efforts contre Sens ou sur la vallée du Tholon.

On peut considérer comme très problématique le succès d'une attaque qui aurait Pont-sur-Yonne pour objet, car les abords de Pont, du côté de l'extérieur, sont plats et découverts sur une largeur de 5 kilomètres, tandis que derrière le large fossé de l'Yonne l'autre rive se dresse comme une sorte de muraille inexpugnable.

Avec quelques batteries bien servies et judicieusement placées, la défense y aurait facilement raison de l'attaque. Malheureusement, un mouvement tournant, par Auxerre, ne saurait être empêché.

Cette manœuvre pourrait être menée à bien par l'ennemi de deux façons différentes, soit en débouchant simultanément de Joigny et d'Auxerre pour se diriger sur Paroy et Aillant; soit en débordant notre droite par Toucy et la vallée de l'Ouanne.

Dans l'une ou l'autre hypothèse, l'armée française serait obligée de faire un long crochet défensif à droite, et d'élever en outre des ouvrages : à l'Est de Saint-Romain, au Nord de Chevillon, et sur les côtes de Villefranche, de Diey et de Douchy.

Elle pourrait aussi, en se concentrant vivement à Sens et prenant ses communications sur Bray et sur Nogent, réoccuper le plateau d'Othe.

Une fois là, il lui serait loisible de se diriger sur Brienon, Saint-Florentin et Ervy-le-Chatel, afin d'inquiéter les derrières de l'ennemi et de le forcer ainsi à se replier.

Si l'ennemi concentrait ses efforts contre Sens, il serait

alors indispensable de renforcer, par une deuxième ligne d'ouvrages, non seulement les abords de la place, mais encore les côtes de Courtois, d'Etigny et de Marsangy qui ont des vues sur les principaux points où l'ennemi pourrait tenter de jeter des ponts.

En cas d'insuccès, notre ligne de retraite est tout indiquée. C'est la route qui, de Montargis, court parallèlement à la voie ferrée, et dont les flancs sont couverts, à gauche, par des bois marécageux. Cette manœuvre aurait en outre l'avantage de permettre aux corps échelonnés le long de l'Yonne de se rallier facilement au premier signe.

CHAPITRE VII.

Pays compris entre l'Essonne et le Loing

§ I. — HYDROGRAPHIE.

Cours de l'Essonne. — L'Essonne est formée par la réunion, près du château de Bouville, des ruisseaux la Rimarde et l'Œuf.

Cette rivière coule dans une vallée généralement étroite et basse, souvent marécageuse.

Elle arrose Malesherbes, la Ferté-Alais, et se jette dans la Seine à Corbeil.

§ II. — OROGRAPHIE.

Le pays compris entre l'Essonne et le Loing est formé d'immenses plateaux que coupent, çà et là, des ravins aux flancs rocheux.

Vers Puiseaux et vers Fontainebleau, de courts chaînons orientés de l'Est à l'Ouest se détachent du coteau central.

§ III. — Forêts.

La seule forêt remarquable de cette région est la forêt de Fontainebleau, jalonnée par Melun, Milly, le Loing, Moret et la Seine.

La ville de Fontainebleau en occupe la lisière Est.

Cette forêt est très bien percée, mais son étendue et la prodigieuse quantité d'allées qui la coupent font qu'il est difficile de s'y diriger.

A Fontainebleau se réunissent les routes qui viennent de Melun, de Corbeil, de Milly, de Malesherbes, de Nemours, de Sens, de Provins et de Coulommiers.

Ponts remarquables dans les environs de Fontainebleau. Au Nord, une agglomération de rochers et de montagnes, connus sous le nom de : mont Chauvet, le Calvaire, la Bihourdière, la Glandé, le rocher Saint Germain, monts de Fays, Apremont et la Solle.

A l'Ouest : le mont Fessas, le mont Aigu, les rochers des Hautes-Plaines, les rochers de Trape-Charette, le Mont-Enflammé et le Mont-aux-Biques.

Au Sud, le petit mont Chauvet, le rocher de Bouligni, le mont Merle, le mont Morillon, le rocher Tourceau, le rocher aux Fées, le rocher de Bouron et le rocher Cerise.

A l'Est, le mont Andard, le rocher d'Avon, le rocher aux Nymphes, la Malmontagne, le mont Aiveu, le Haut-Mont, le Long-Rocher et le Rocher-Brûlé.

§ IV. — Voies ferrées.

Ligne de Corbeil à Montargis. — Longueur, 85 kilomètres.

Stations : Corbeil, Moulin-Galant, Mennecy, Ballancourt, la Ferté-Alais, Bouligny, Maisse, Boigneville, Malesherbes, la Brosse, Puiseaux, Beaumont, Beaune-la-Rolande, Lorcy, Mignères et Montargis.

Cette ligne suit la vallée de l'Essonne jusqu'à Briare, puis va rejoindre, à Puiseaux, la route de Malesherbes à Montargis, qu'elle côtoie jusqu'à destination.

Double pont sur l'Essonne à Essonne; ponts sur la même rivière au moulin de Buno, et à Briarre; ponts sur le Grand-Fusain à Corbeil, sur le Petit-Fusain à Mignerette, sur la Bézonde près de Pannes, sur le Solin près de Montargis.

§ V. — Considérations militaires.

Les rives de la Seine, entre Corbeil et Saint-Mammès, et celles du Loing, jusqu'à Nemours, forment une bonne position défensive ayant pour réduit la forêt de Fontainebleau.

Nous avons dit, dans les considérations préliminaires, pourquoi il serait dangereux de l'occuper.

Toutefois, comme une armée détachée pourrait avoir à y combattre, il est utile, croyons-nous, de rechercher quelles seraient les meilleures dispositions à prendre pour tirer parti de cette situation.

Disons d'abord que la forêt de Fontainebleau peut être attaquée par Nemours, par Moret, par Grès, par Samoreau, par Fontaine-le-Port, par Chartrettes et par Melun.

Nemours, ainsi que cela a été expliqué plus haut, ne peut être défendu ni en avant ni en arrière.

Or, l'abandon de ce passage permet à l'ennemi de tourner, par le bois de la Commanderie, les défenses que l'on aurait élevées à Grès. D'où nécessité de lui livrer également ce dernier débouché.

Les rochers de Bourron et des Recloses barrent heureusement cette trouée vers la lisière Sud de la forêt.

Il s'agit donc de profiter de cette circonstance. Pour cela nous conseillerions : 1° de border d'abatis la base de ces rochers ainsi que la lisière Sud du bois; 2° de mettre en état de défense les villages d'Achères, d'Ury, de Recloses, de Bourron, de Marlotte et de Montigny; 3° de placer des batteries sur la lisière du bois, au parc d'Achères, à la pointe des Barnolets, à celle des Béarnois, derrière Ury, aux Fourneaux, à Bourron, à Marlotte et sur la côte de Montigny.

Il serait en outre prudent de préparer en arrière une deuxième ligne de défense entre le Moulin-Rouge et le carrefour des forts de Marlotte; enfin une troisième ligne entre les rochers de la Reine et la Croix-de-Guise.

Les lisières N.-E. et S.-E. de la forêt, couvertes par la Seine et par le Loing, pourraient également être garnies de batteries.

Conclusion : la forêt de Fontainebleau ne peut guère être abordée que par le Sud ou le S.-O., c'est-à-dire par celles de ses faces qui précisément se trouvent sur la direction des lignes de retraite.

Il ne resterait donc plus à une armée chassée des lisières de la forêt qu'à se retirer sur Paris.

CHAPITRE VIII.

Pays compris entre l'Eure et la Seine.

§ I. — Hydrographie.

Cours de l'Eure. — L'Eure sort des étangs de la forêt de Longni.

Jusqu'à Thivars, cette rivière coule dans une direction N.-O.-S.-O.; elle remonte ensuite au Nord, jusqu'à Maintenon, puis, au N.-N.-O. jusqu'à Marcilly; de ce village à Ivry-la-Bataille, elle fait un crochet à l'E.-N.-E. pour se diriger encore au N.-N.-O. jusqu'aux Damps, où elle se jette dans la Seine.

L'Eure, au sortir des étangs de Longni, longe la lisière Sud de la forêt de Senonches, puis la lisière Nord de celle de Montécot. Elle passe à Courville, à Chartres, à Maintenon où elle reçoit la Voise. Grossie de la Drouette au moulin de Bourray, elle baigne Nogent-le-Roi, puis après avoir recueilli la Blaise aux Ormeaux, et contourné la lisière Ouest de la forêt de Dreux, la lisière S.-E. des forêts de Roseux et d'Ivry, elle se dirige par Anet sur

Ivry. Là, elle reçoit la Vesgres; elle borde ensuite la lisière Est de la forêt de Merey.

De Pacy à Louvreu, l'Eure coule dans une vallée boisée sous l'ombrage des forêts de Louviers et de Pont-de-l'Arche.

L'Eure entre dans la Seine aux Damps.

Cours de l'Orge. — L'Orge a sa source près de Saint-Martin de Brétancourt; ce cours d'eau sépare d'abord la forêt de Dourdan de celle de l'Ouye, puis arrose Dourdan. Il coule ensuite dans une vallée rocheuse jusqu'à Saint-Chéron; près d'Arpajon, il se grossit de la Celle. Enfin, après avoir longé pendant quelques kilomètres la lisière Ouest, la forêt de Séguigny, et reçu l'Yvette à Ville-moisson, il se jette dans la Seine par deux bras, au pont d'Antin et à la station d'Athis-Mons.

Cours de la Juine. — La Juine prend sa source au moulin de la Porte. Elle arrose Méréville, reçoit vers Saint-Cyr le ruisseau d'Eclimon et passe à Étampes où se trouve le confluent de l'Alouette. A partir de ce point elle coule dans une vallée rocheuse jusqu'à Bouray d'où elle se dirige sur Etrechy. La Juine se jette dans l'Essonne au hameau du Bouchet.

Cours de la Mandre. — La Mandre sort de la forêt de Rambouillet; elle reçoit le Lieutel à Néauphle, et se jette dans la Seine près du château de la Garenne après un parcours de quelques kilomètres dans une vallée étroite et encaissée.

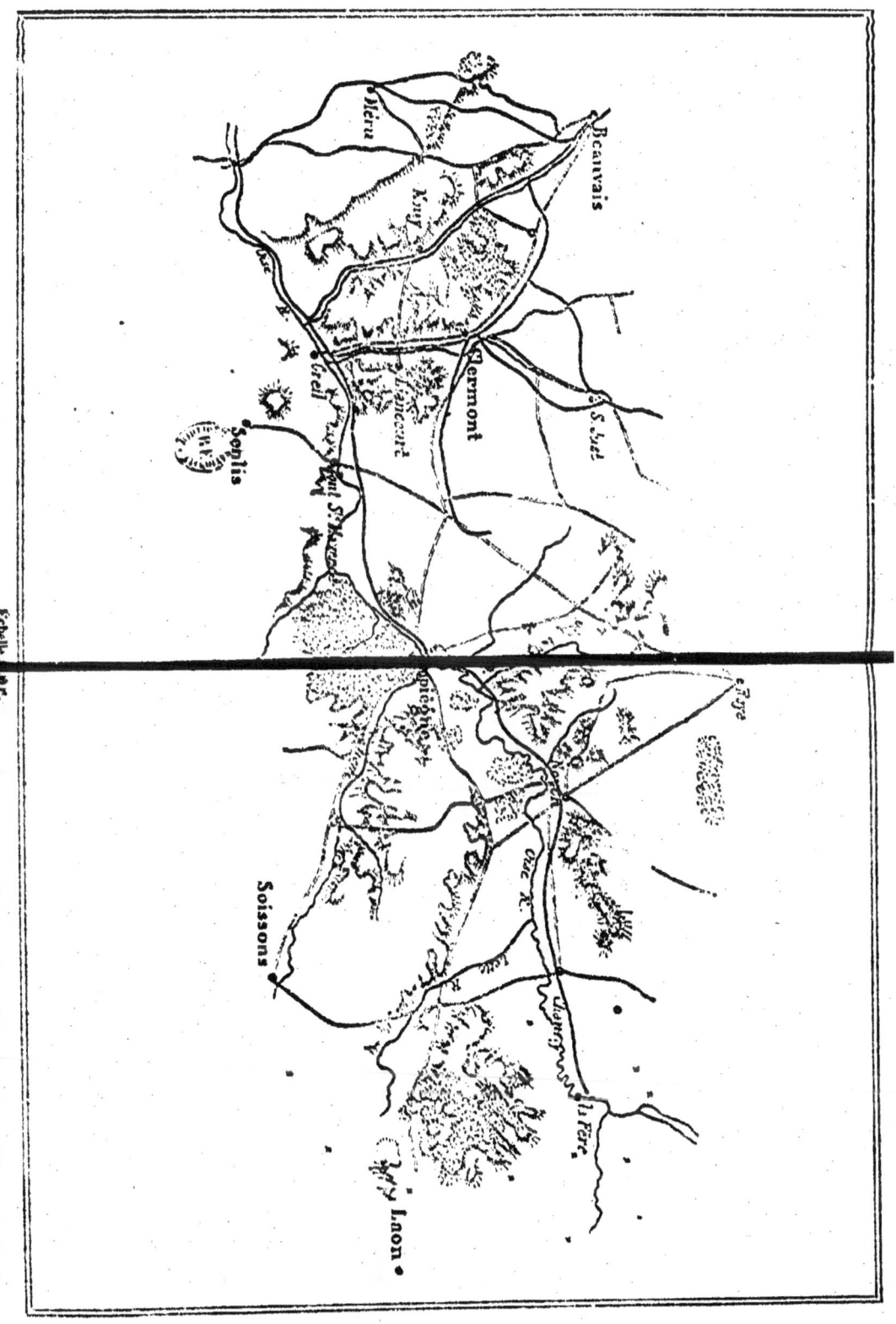

§ II. — Orographie.

Le pays compris entre l'Essonne, l'Eure et la Seine est un plateau déchiqueté, profondément creusé par les eaux et d'où émergent les sommets de quelques rares montagnes.

Sur la rive gauche de la Seine, entre Aubergenville et Sèvres, s'étend, parallèlement au fleuve, un chaînon boisé que défendent en partie les ouvrages de Marly.

Ce chaînon est prolongé, au S.-E., par la montagne de Sceaux dont il est séparé par le défilé Sèvres-Versailles.

§ III. — Forêts.

Les forêts remarquables du pays sont celles de Saint-Germain, de Marly, de Rambouillet, de Dourdan, de l'Ouye, de Dreux, de Roseux, d'Ivry, de Mercy, d'Evreux, de Rosny, de Moisson, de Pacy, de Bizy, de Louviers et de Pont-de-l'Arche.

La *forêt de Saint-Germain* s'étend dans une boucle que forme la Seine entre Poissy et Saint-Germain-en-Laye.

Les lisières Est-Sud-Est et Nord-Ouest de cette forêt couronnent des pentes courtes et difficiles.

L'intérieur de la forêt est très mouvementé; la partie Nord repose sur un terrain plat.

La forêt de Saint-Germain, très bien percée, est traversée en outre : 1° par les routes de Saint-Germain à Conflans et à Poissy, et de Poissy à Sartrouville; 2° par les voies ferrées conduisant de Paris à Rouen et à Pontoise, et par le chemin de Grande Ceinture.

La *forêt de Marly* couvre une partie du chaînon Aubergenville-Sèvres, entre Feucherolles, Fourqueux, Marly et Noisy.

Cette forêt, très bien percée, livre passage à la route de Saint-Germain et à la ligne de Grande Ceinture.

Les ouvrages de Marly et de Noisy en défendent la lisière Est.

La *forêt de Rambouillet* s'étend entre Saint-Arnoult, Rambouillet, Montfort-l'Amaury, Houdan et Epernon.

Elle renferme trois secteurs bien distincts, savoir :

1er Secteur. — Ce secteur renferme la partie comprise entre la Celle, la Remarde et Rambouillet, et prolongée par la forêt des Ivelines et les bois de Longchamp, de Saint-Benoît, de Rochefort et de Rambouillet. Des étangs et une étroite vallée lui servent de limite.

Sa lisière Nord est facilement abordable. Ses autres lisières sont bordées presque partout de pentes difficiles et de terrains humides.

Au Nord, la route de Rambouillet à Chevreuse; au Sud-Ouest, la route d'Etampes à Rambouillet-la-Forêt.

Le *2e Secteur*, prolongé par les bois de Biennouvienne, de la Vignerie et de la Charmoise, est compris entre Poigny, Mittainville et Saint-Léger.

Il est bordé au Nord par des pentes très raides, à l'Ouest par des bruyères épaisses, des taillis et des brousses, au Sud-Est par une rangée d'étangs.

3ᵉ Secteur. — 3° Cette partie de la forêt s'étend entre Rambouillet, Saint-Léger, la Vesgre, Montfort-l'Amaury et les Bréviaires; elle est prolongée par la forêt des Quatre-Piliers et par les bois de Neuville, de l'Epard, des Longues-Mares, de la Table-de-la-Rotonde, de Villepert, de Gazeran et de la Forêt-Verte.

Délimitée au N.-E. par une ligne d'escarpements, entaillée du côté de l'Est par une longue suite d'étangs, elle touche au S.-E. à Rambouillet, et recouvre vers l'Ouest des pentes escarpées et de nombreux ravins.

Elle est traversée par la route qui mène de Rambouillet à Versailles et à Meulan et par celle qui va de Houdan à Versailles.

De ce qui précède on peut conclure que la forêt de Rambouillet serait un excellent point d'appui pour une armée chargée d'investir le camp de Paris.

La *forêt de Dourdan* s'étend entre Dourdan et Saint-Arnoult. Cette forêt est bien percée.

La *forêt de l'Ouye* prolonge, au Sud, la forêt de Dourdan. Elle est peu étendue et sans valeur.

La *forêt de Dreux* occupe l'intérieur de la boucle que fait l'Eure, entre les Osmeaux et Anet.

Elle est très bien percée, et assez peuplée. A l'Ouest, elle se termine par de fortes pentes qui descendent à l'Eure.

Cette forêt est traversée par la route Dreux-Anet.

Les *forêts de Roseaux et d'Ivry* sont situées sur la rive gauche de l'Eure, et recouvrent quelques croupes.

Elle sont assez bien percées.

La forêt de Merey borde la rive gauche de l'Eure et la voie ferrée Evreux-Mantes.

Cette forêt, de très peu d'étendue, offre peu de moyens de communication.

La forêt d'Evreux s'étend sur la rive droite de l'Iton, au S.-O. d'Evreux.

Elle recouvre généralement des pentes d'un accès difficile.

En revanche, elle est bien percée et bordée, à l'Est, par la route d'Evreux à Nonancourt.

Trois longs ravins, parallèlement dirigés du N.-N.-O. au S.-S.-E., sillonnent la forêt d'Evreux.

La forêt de Rosny touche la rive gauche de la Seine, près de Rosny.

Les lignes de Rouen à Paris, d'Evreux à Mantes, et de Bueil à Rosny lui servent de ceinture.

Dans l'intérieur, un assez grand nombre de sentiers permettent de s'y mouvoir à l'aise; en revanche, les abords en sont très difficiles.

La forêt de Moisson est située sur la rive gauche de la Seine, en face de la Roche-Guyon.

Elle est commandée par un amphithéâtre de falaises qui bordent la rive droite.

La forêt de Pacy, plantée sur la rive droite de l'Eure, à l'Est de Pacy, a peu d'étendue et offre peu de débouchés.

La forêt de Bizy s'étend au S.-O. de Vernon, le long de

la rive gauche de la Seine. De fortes pentes la bordent à l'Est et au S.-E.

Elle est très bien percée et traversée par la route de Pacy à Vernon. La voie ferrée qui unit ces deux dernières villes en contourne la lisière Sud.

Les forêts de Louviers et de Pont-de-l'Arche forment un vaste redan couvert sur ses flancs par l'Eure et la Seine.

Ces forêts reposent sur un terrain profondément fouillé par les eaux et qui s'allonge en croupe vers les deux rivières.

Assez bien percées, elles livrent passage aux routes menant de Pont-de-l'Arche à Gaillon et à Louviers, et d'Elbeuf à Louviers.

Des voies ferrées lui font une ceinture continue.

§ III. — Voies ferrées.

Ligne de Paris à Orléans. — Longueur, 121 kilomètres.

Stations : Paris, Vitry, Choisy-le-Roi, Ablon, Athis, Mons, Juvisy, Savigny, Epinay, Saint-Michel, Brétigny, Marolles, Bouray, Lardy, Chamarande, Etrechy, Etampes, Monnerville, Angerville, Boisseaux, Toury, Château-Gaillard, Artenay, Chevilly, Cercottes, les Aubrais et Orléans.

Cette ligne longe la rive gauche de la Seine jusqu'à Juvisy, où elle entre dans la vallée de l'Orge qu'elle suit jusqu'à Epinay; elle gagne ensuite la vallée de la Juine, qu'elle rencontre à Bouray; elle remonte cette vallée jusqu'à Etampes, puis, au sortir de cette ville, elle s'engage sur le plateau d'Orléans en longeant la route qui, d'Etampes, mène à cette dernière ville.

Ponts : sur l'Orge à la station d'Athis-Mons, et à Juvisy; sur l'Yvette à la ferme du Petit-Vigier, sur l'Orge à Villemoisson, enfin près d'Etrechy; double pont sur l'Allouette, près d'Etampes; enfin ponts vers Angerville et Tivernon.

Ligne de Brétigny à Dourdan. — Longueur, 56 kilomètres.

Stations : Brétigny, Arpajon, Breuillet, Saint-Chéron et Dourdan.

Cette ligne joint, à Arpajon, la vallée de l'Orge qu'elle suit jusqu'à Dourdan.

Pont sur l'Orge, au château de Ville-Louvette.

Ligne de Paris à Limours. — Longueur, 40 kilomètres.

Stations : Paris, Arcueil, Bourg-la-Reine, Berny, Antony, Massy, Palaiseau, Lozère, Orsay, Gif, Saint-Remy, Boullay et Limours.

Après avoir couru parallèlement à la route d'Orléans jusqu'à Antony, cette ligne gagne Palaiseau, suit la vallée de l'Yvette jusqu'à Saint-Remy, puis gravit le plateau de Limours.

Pont sur la Bièvre à Antony, et à la station de Palaiseau; ponts sur l'Yvette à Orsay, au Petit-Bures; sur le Predecelles, à Pecqueuse.

Ligne de Paris à Chartres. — Longueur, 68 kilomètres.

Stations : Paris, Bellevue, Versailles, Saint-Cyr, Trappes, la Verrière, les Essarts, le Perray, Rambouillet, Epernon, Maintenon, Jouy, la Villette et Chartres.

Cette ligne, au sortir du défilé Sèvres-Versailles, gravit les pentes du plateau de Trappes et franchit l'Yvette après avoir traversé la forêt de Rambouillet et passé sur un pont la Voise à Maintenon; elle remonte la vallée de l'Eure jusqu'à Chartres.

Ponts près de Trappes, près de l'Agiot et à Coignières; chaussée aux environs du Perray; ponts sur la Droue à Epernon, sur la Voise à Maintenon et à Saint-Prest sur l'Eure, au Nord de Chartres.

Ligne de Saint-Cyr à Dreux. — Longueur, 60 kilomètres.

Stations : Saint-Cyr, Villepreux, Plaisir-Grignon, Villiers, Montfort-l'Amaury, Garancières, Tacoignières, Houdan, Marchezais et Dreux.

Cette ligne entre dans le vallon du Ru-Mal-Droit, longe la lisière Nord de la forêt de Rambouillet, franchit la Vesgre à Houdan, l'Eure au Petit-Chérisy, et la Blaise à Dreux.

Ponts : sur la Mandre à la ferme de Saint-Aubin, sur le Sausseron au moulin de Renonville, sur la Vesgre à Houdan, sur l'Eure au Petit-Chérisy, sur la Blaise à Dreux.

Ligne de Paris à Rouen. — Longueur, 136 kilomètres.

Stations : Paris, Colombes, Houilles, Maisons, Achères, Poissy, Villennes, Triel, Meulan, Epone, Mantes, Rosny, Bonnières, Vernon, Gaillon, Saint-Pierre-de-Vauvray, Pont-de-l'Arche, Oissel, Saint-Etienne et Rouen.

Cette ligne franchit trois fois la Seine avant d'arriver à Poissy; elle longe ensuite la rive gauche de ce fleuve jusqu'à Rouen.

Ponts : sur la Seine à Asnières, au Sud de Bezons et à Maisons, sur le Ru-Plat aux Mureaux, sur la Mandre à l'Est de Mézières, sur le Vaucouleurs à Mantes, sur la Seine au Manoir et à Oisel. A Vignoles, un tunnel de 2,500^m de longueur, entre Rolleboise et Bonnières, et un autre de 1,800^m de longueur près de Villers.

Ligne de Mantes à Evreux. — Longueur, 50 kilomètres.

Stations : Mantes, Breval, Bueil, Boisset, Pacy et Evreux.

Cette ligne traverse le plateau qui sépare l'Eure de la Seine, et coupe la vallée de l'Eure à Evreux.

Ponts à Gilles et à Guainville; pont sur l'Eure à Mercy.

Ligne d'Acquigny à Dreux. — Longueur, 90 kilomètres.

Stations : Acquigny, Heudreville, la Croix, Autheuil, Chambray, Jouy, Menilles, Pacy, Hécourt, Breuilpont, Bueil, Jory, Ezy, Anet, Croth, Marcilly, Saint-Georges et Dreux.

Suivant tantôt l'une, tantôt l'autre rive de l'Eure jusqu'à

Garennes, cette ligne passe alors sur la rive gauche qu'elle suit définitivement jusqu'à Dreux.

Ponts : sur la Blaise à Dreux, sur l'Avre près de Muzy, sur l'Eure à Garennes, à Vaux, à Authouiller et près des Planches.

Ligne de Vernon à Pacy. — Longueur, 17 kilomètres.

Stations : Vernon, Normandie, Douains et Pacy.

Cette voie contourne, au Sud, les forêts de Bizy et de Pacy.

Ponts au hameau de Gournay et à la station de Pacy.

A noter les lignes ci-après énoncées qui sont ou en construction, ou prêtes à être livrées à la circulation :

1° Ligne de Melun à Auneau, par la Ferté-Alais et Etampes ;
2° — de Limours à Auneau ;
3° — de Rambouillet à Néauphle ;
4° — de Maintenon à Dreux ;
5° — de Meulan à Néauphle.

§ V. — Considérations militaires.

Entre Rouen et Paris, de grosses armées ne pourraient guère franchir la Seine ailleurs qu'à Mantes, Vernon ou les Andelys.

Ici deux questions se posent naturellement : 1° Comment une armée française en retraite et poussée par l'ennemi, pourrait-elle franchir la Seine ? 2° Comment cette même armée pourrait-elle interdire à l'ennemi le passage du fleuve ?

Nous allons essayer de résoudre ces deux questions pour chacun des trois points de passage ci-dessus indiqués :

1° *Mantes*. — La retraite sur Mantes n'est possible que par une seule route : celle de Magny, et le passage ne peut s'effectuer que par un seul pont : celui de Mantes.

En avant et en arrière de ce dernier pont, les impedimenta auraient à traverser deux villes, Limay et Mantes; d'où, un désordre inévitable et un retard très sérieux dans la marche.

Avant d'entrer dans Limay, l'arrière-garde serait donc forcée de prendre une position défensive qu'elle devrait tenir jusqu'à ce que le pont de Mantes soit complètement dégagé.

Cette position à occuper, c'est le défilé d'Arthies.

A 7 kilomètres au Sud de Magny, à cheval sur la route de Mantes, on rencontre un chaînon boisé d'un accès difficile, bien que de nombreux chemins en sillonnent la pente; des sentiers mal tracés, mal entretenus, peu praticables vont en effet se perdre en partie dans les bois ou ne les traversent qu'après avoir franchi mille obstacles.

En avant de ce chaînon et sur son versant Nord, les villages de Frémainville, d'Arthies, de Maudétour; en arrière, Villiers, Aincourt, Lainville et Jambville.

L'arrière-garde pourrait occuper Maudétour, Arthies et le hameau d'Enfer, son artillerie placée vers la tuilerie d'Arthies et en avant du bois de la Bucaille.

Les derniers corps de la colonne pourraient, au besoin,

prendre une position d'attente à Saint-Cyr, à Drocourt et à Sailly.

En arrière, une deuxième position d'arrière-garde permettrait encore de gagner du temps; cette position est constituée par les mamelons qui bordent le château du Ménil et la lisière du bois de Follainville.

Le passage de l'arrière-garde sur l'autre rive de la Seine pourrait être protégé, mais assez mal cependant, par des batteries à établir sur la côte de la Plaigne et sur celle de Chantereine.

Quant à occuper Mantes avec une armée qui se replierait derrière la Seine, il n'y faut pas songer, car cette ville serait fatalement anéantie en quelques heures par l'artillerie ennemie qui s'établirait sur les côtes du Mélier et du Calvaire, artillerie qu'il serait impossible de contre-battre.

2° *Vernon.* — La position de Vernon est remarquable.

Sur la rive droite s'étend la forêt de Vernon, large de 3 kilomètres seulement et trouée par cinq ravins qui vont tous déboucher au même endroit.

Deux ponts et de nombreuses îles rendent les communications extrêmement faciles entre les deux rives.

Le bois de Saint-Just et la forêt de Bizy couronnent une longue falaise qui forme un quart de cercle autour de Vernon. Cette falaise est reliée par de bons chemins avec Pacy, Menilles, Jouy et Chambray, et, par suite, avec Evreux.

Vernon peut être défendu en avant et en arrière, à la

condition que le pont de Courcelles et le bac de Port-Villez soient tout d'abord détruits.

Il faudrait, en outre, mettre en état de défense comme positions avancées : 1° la lisière de la forêt de Vernon, entre Panilleuse et le Bout-de-Giverny; 2° les villages de Panilleuse, de Tilly, de Bois-Jérôme, les hameaux de Surcy, de la Queue-d'Haye et de Corville, ainsi que le château de Saulseuses.

Des ouvrages pourraient être avantageusement construits sur les flancs du ravin que franchit la route qui mène des Thilliers à Vernon, et une batterie installée sur la côte de Pressagny.

En arrière, la falaise pourrait être garnie de batteries et Vernon occupé, ainsi que les villages de Saint-Pierre, de Saint-Just et de Saint-Marcel.

Pour parer à un mouvement sur la gauche, on élèverait un ouvrage entre Villez et le château de Beauchesne, et une batterie sur la côte de Sainte-Colombe.

De Vernon, la retraite se ferait sur Évreux.

Au cas où la retraite serait inévitable, il serait imprudent à l'armée battue de s'attarder à défendre la ligne de l'Eure, car la quantité de routes qui mènent à Évreux pourrait permettre à l'ennemi, soit de la tourner, soit de la devancer à Évreux.

3° *Les Andelys.* — On ne peut guère davantage défendre ce passage de la Seine, car du haut des falaises qui s'étagent en amphithéâtre au-dessus de la boucle de la Seine, l'ennemi prendrait d'écharpe la

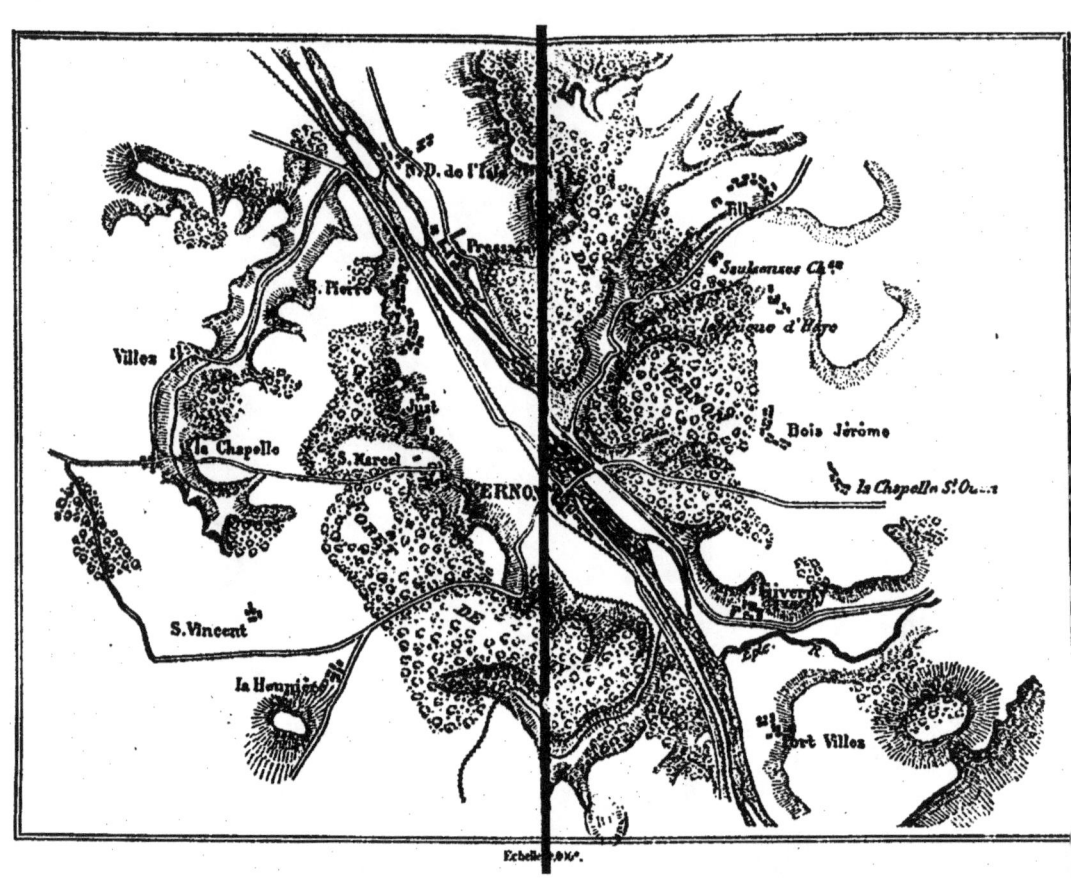

route qui va des Andelys à Heudebouville, ligne naturelle de retraite.

Les ponts de Courcelles et d'Andé permettraient en outre de tourner la position.

CHAPITRE IX.

Camp retranché de Paris

§ 1. — Division du périmètre en trois secteurs.

Le camp retranché de Paris doit être divisé en trois grands secteurs :

1° Le secteur N.-E., compris entre la Seine et la rive droite de la Marne ;

2° Le secteur S.-E., compris entre la Seine et la rive gauche de la Marne ;

3° Le secteur S.-O. qui s'étend à l'Ouest de la Seine.

Chacun de ces secteurs est défendu par une double ligne de forts et par des batteries.

Secteur Nord-Est.

Les ouvrages qui défendent le secteur N.-E. sont :

    A) Le système d'ouvrages Cormeil-Sannois ;
    B) Les ouvrages du plateau de Montmorency ;
    C) La redoute de la Butte-Pinçon ;
    D) Le système de défense d'Ecouen ;

E) Les ouvrages de Saint-Denis;

F) Le fort d'Aubervilliers;

G) La 2ᵉ ligne de défense;

H) La ligne bastionnée Faisanderie-Gravelle;

I) Le fort de Chelles;

J) Le fort de Voujours;

K) La ligne de batteries Livry-Montfermeil.

A) Le système des ouvrages établis sur le plateau de Cormeil-Sannois comprend, savoir :

1° Le fort de Cormeil, situé à l'extrémité O.-N.-O. du plateau. Ce fort défend la rive gauche de l'Oise, entre Saint-Ouen-l'Aumône et Conflans; la vallée de la Seine et la forêt de Saint-Germain, entre Sartrouville et Conflans; enfin les routes Saint-Denis, Auvers et Saint-Denis-Pontoise;

2° Deux batteries, préposées à la garde de la presqu'île de Houilles ainsi que les ponts d'Argenteuil, de Bezons et de Maisons;

3° Trois batteries et deux redoutes, qui croisent leurs feux avec ceux des ouvrages de Montlignon et de Montmorency.

B) Le système de défense du plateau Montmorency comprend, savoir :

1° Le fort de Montlignon, qui défend le ravin boisé du Ru-du-Corbon, et croise ses feux avec ceux des ouvrages de Cormeil-Sannois et des forts de Montmorency et du Domont;

2° Le fort de Montmorency, qui protège l'espace compris

entre Sannois et Saint-Denis, et croise ses feux avec ceux des ouvrages de Montlignon, du Domont, de Cormeil-Sannois, d'Ecouen, de Stains et de la Butte-Pinçon;

3° Le fort du Domont, qui couvre, outre le défilé boisé au fond duquel coule le ruisseau de la Fontaine-du-Four, la route de Saint-Denis à Beaumont, et les voies ferrées Paris-Beaumont et Paris-Luzarches. Cet ouvrage croise ses feux avec ceux des ouvrages de Montlignon, de Montmorency, de Blemur et d'Ecouen;

4° La batterie de Blemur, qui protège les flancs des ouvrages du Domont et d'Ecouen.

C) La redoute de la Butte-Pinçon. Perchée sur le culmen d'un mamelon, à la jonction des routes de Beaumont et de Creil, entre les voies ferrées qui mènent à ces deux villes, cette redoute peut couvrir de feux la percée ouverte entre les montagnes de Montmorency et d'Ecouen, et les abords N.-E. du fort de Stains.

D) Les ouvrages construits sur la montagne d'Ecouen sont les suivants :

1° Le fort d'Ecouen, qui défend la route de Creil et la vallée du Rosne, et croise ses feux avec ceux des ouvrages du Domont, de Montmorency et du Moulin;

2° La redoute du Moulin, élevée à 600 mètres Est du fort d'Ecouen, pour protéger les abords du village de Goussainville;

3° La batterie des Sablons, qui couvre outre le flanc N.-E. du fort de Stains, l'espace compris entre le fort d'Ecouen et la redoute du Moulin;

5° Le fort de Stains, situé à 1 kilomètre S.-O. d'Arnouville, au pied du mamelon, entre ce dernier village et celui de Stains.

Ce fort peut couvrir de feux les abords Est et Sud des ouvrages d'Écouen, les faces et le flanc Est de la redoute de la Butte-Pinçon et de la Double-Couronne du Nord. Il défend, en outre, les approches de Blanc-Mesnil et de Drancy.

E) Les défenses de Saint-Denis comprennent :

1° Le fort de la Briche, situé près de la Seine, au N.-O. de la Briche.

Cet ouvrage couvre Saint-Denis au N.-O., défend les derrières de la redoute de la Butte-Pinçon et le point de rencontre des voies ferrées qui viennent de Pontoise et de Creil.

Il est relié à la Double-Couronne du Nord par une ligne fortifiée.

2° La Double-Couronne du Nord, construite à la jonction des routes de Pontoise, de Creil et de Gonesse.

Cet ouvrage défend l'intervalle compris entre la redoute de la Butte-Pinçon et le fort de Stains; un retranchement le relie au fort de l'Est.

3° Le fort de l'Est, bien placé entre Saint-Denis et Aubervilliers, couvre les abords N.-O. du Bourget, et croise ses feux avec ceux des forts de Stains, d'Aubervilliers et de la Double-Couronne; un retranchement le relie au canal de Saint-Denis.

F) Le fort d'Aubervilliers occupe, sur la route de Paris

à Senlis, une excellente position entre Pantin et Aubervilliers. Ce fort défend les abords du Bourget et de Drancy, et croise ses feux avec ceux des forts de Stains, de l'Est, de Romainville et de Noisy-le-Sec.

G) La seconde ligne de défense, établie sur la montagne de Romainville, renferme :

1° Le fort de Romainville et le retranchement qui relie ce fort au canal de l'Ourcq ;

2° La redoute de Noisy ;

3° Le fort de Noisy ;

4° La redoute de Montreuil ;

5° La redoute de la Boissière ;

6° Le fort de Rosny ;

7° La redoute de Fontenay ;

8° Le fort de Nogent.

Ces ouvrages défendent l'espace compris entre le canal de l'Ourcq, la forêt de Bondy et la Marne.

H) Les redoutes de la Faisanderie et de la Gravelle sont reliées entre elles par une ligne bastionnée.

I) Le fort de Chelles, situé sur un mamelon, commande le village de Chelles et défend, outre la vallée de la Seine jusqu'à Lagny, les abords Sud et S.-E. du fort de Vaujours.

J) Le fort de Vaujours, situé sur un chaînon étroit, en avant de la forêt de Bondy, se compose d'un fort et de deux redoutes unies par un retranchement.

Il défend les abords de Mitry et de Claye, la route de

Meaux, le canal de l'Ourcq et la voie ferrée qui mène de Paris à Soissons.

K) Des batteries qui doivent être construites à Livry et à Montfermeil, pour couvrir les derrières du fort de Vaujours.

Secteur Sud-Est.

Les ouvrages qui couvrent le secteur S.-E. sont :

    L) Le fort de Charenton ;
    M) La batterie de Noisy-le-Grand ;
    N) Le fort de Villiers ;
    O) Le fort de Champigny ;
    P) Le fort de Sucy ;
    Q) La batterie de Limeil.
    R) Le fort de Villeneuve-Saint-Georges.

N) Ce fort, situé au N.-E. de Villiers, défend la ligne de Paris à Mulhouse ainsi que les débouchés N.-O. de la forêt d'Armainvilliers. Il croise ses feux avec ceux du fort de Chelles.

O) Cet ouvrage, bâti au S.-E. du village de ce nom, protège la presqu'île de la Varenne et le plateau de la Queue-en-Brie. Il croise ses feux avec ceux du fort de Sucy.

P) Le fort de Sucy, couvert par le bois Notre-Dame et le parc de Gros-Bois, n'a pas de vues au S.-E. Il peut cependant battre efficacement les routes conduisant à Rozoy et à Troyes ainsi que le chemin de fer de Grande-Ceinture.

Q) Cette batterie, élevée entre Limeil et le château de la Grange, n'est pas de grande valeur. Non seulement elle a moins de vues que le fort de Sucy, mais encore elle est commandée et par le mont Griffon et par le mamelon de Belle-Vue.

R) Ce fort, construit sur un éperon qui touche la Seine, commande : 1° la vallée de la Seine jusqu'à Juvisy; 2° les débouchés Nord de la forêt de Sénart; 3° les voies ferrées qui vont à Melun, à Malesherbes et à Etampes.

Secteur Ouest-Sud.

Les ouvrages qui couvrent le secteur O.-S., sont :

S) Les ouvrages de seconde ligne Ivry-Mont-Valérien;

T) Le système défensif du bois de Verrières;

U) Le système défensif de Palaiseau;

V) Le fort de Villeras;

W) Le fort du Haut-Buc;

Y) Le groupe des ouvrages de Versailles;

YY) Le fort Saint-Cyr;

Z) La batterie du bois d'Arcy;

ZZ) La ligne de batterie Noisy-la-Vauberderie.

S) Ces ouvrages constituant une seconde ligne de défense, comprennent :

1° Le fort d'Ivry;

2° Le fort de Bicêtre;

3° La redoute des Hautes-Bruyères;

4° Le fort de Montrouge;

5° Le fort de Châtillon ;
6° Le fort de Vanves ;
7° Le fort d'Issy ;
8° La forteresse du Mont-Valérien.

T) Le système défensif du bois de Verrières renferme :
1° Le réduit de Verrières ;
2° La batterie de la Châtaigneraie ;
3° La batterie du Terrier ;
4° La batterie des Gatines ;
5° La batterie d'Igny ;
6° La batterie de Bièvre.

Ces ouvrages, disposés en demi-cercle sur la lisière du bois de Verrières, sont bordés de fortes pentes. Ils défendent dans d'excellentes conditions la vallée de la Bièvre, la route d'Orléans et la ligne de Limours, tout en couvrant le flanc Est du fort de Palaiseau et l'intervalle compris entre ce fort et celui de Villeras.

U) Les ouvrages de Palaiseau sont situés sur la côte qui touche ce bourg à l'Ouest. Ils comprennent :
1° Le fort de Palaiseau, qui commande la vallée de l'Yvette jusqu'à Longjumeau et le plateau de Courtabœuf. Ce fort croise ses feux avec ceux du fort de Villeras ;
2° La batterie de la Pointe et la batterie de l'Yvette, placées en avant du fort et qui ont des vues dans la vallée de l'Yvette jusqu'à Bures.

Ces ouvrages commandent les routes de Chevreuse, de Chartres, d'Orléans et de Fontainebleau.

V) Le fort de Villeras, couvert en avant par l'étang

de Saclay, croise ses feux avec ceux des forts du Haut-Buc et de Palaiseau.

W) Le fort du Haut-Buc est construit à 3 kilomètres Sud de Versailles, sous la protection des bas-fonds du Trou-Salé. Il croise ses feux avec ceux des ouvrages de Versailles et des forts de Villeras et de Saint-Cyr.

Y) Le groupe de Versailles comprend les ouvrages situés sur la crête du plateau de Satory et qui sont au nombre de quatre, savoir :

    1° L'ouvrage des docks;
    2° La batterie de Désert;
    3° La batterie du ravin de Bouvier;
    4° La batterie de la station de Saint-Cyr.

Ces ouvrages forment une seconde ligne de défense en arrière des forts du Haut-Buc et de Saint-Cyr.

YY) Le fort de Saint-Cyr, bien placé derrière l'étang de Saint-Quentin, et en avant de la bifurcation des voies ferrées conduisant à Dreux et à Chartres, commande les routes de Nantes et de Brest. Il croise ses feux avec ceux de la batterie du bois d'Arcy, des ouvrages de Versailles et du fort du Haut-Buc.

Z) La batterie du bois d'Arcy, cachée derrière le bois du Chêne, défend la ligne de Dreux et les abords Ouest de Versailles. Elle croise ses feux avec ceux du fort de Saint-Cyr et de la batterie de Noisy.

ZZ) Les ouvrages de Marly sont disposés en ligne brisée sur la crête du long chaînon qui borde la Seine au N.-O. de Paris; ils sont au nombre de sept, savoir :

1° La batterie de Noisy, qui défend les pentes Sud du chaînon;
2° — de Marly;
3° — du Champ-de-Mars;
4° — de la Glacière;
5° — des Arches;
6° — des Réservoirs;
7° — de la Vauberderie.

§ II. — Moyens de communication.

Les communications entre Paris et les forts sont assurées par des voies ferrées, des routes ordinaires, des tramways et des cours d'eau. Grâce à l'intelligente disposition de ce réseau, la défense jouit du précieux avantage de pouvoir rapidement porter des forces considérables sur un point quelconque des endroits menacés.

Voies ferrées. — Les voies ferrées tracées dans l'intérieur du camp, sont :

1° La Grande Ceinture;
2° La Petite Ceinture;
3° Les lignes qui servent de rayon à la Grande Ceinture.

La ligne de Grande Ceinture passe par Versailles, Noisy, Saint-Germain, Poissy, Maisons, Argenteuil, Stains, le Bourget, Bondy, Nogent, Sud de Champigny, Ouest de Sucy, Nord de Valenton, Villeneuve-Saint-Georges, Juvisy, Ablon, Orly, Paray, Nord de Palaiseau, vallée de la Bièvre et Nord des Loges.

La Petite Ceinture circule dans l'intérieur de la place.

Les lignes qui conduisent du centre à la périphérie du camp retranché, sont :

1° Ligne de Paris à Versailles, par Vanves et Sèvres;
2°   —   —   par Courbevoie et St-Cloud;
3°   —   à Saint-Germain;
4°   —   à Maisons, par Houilles;
5°   —   à Argenteuil;
6°   —   à Enghien et à Stains, par Saint-Denis;
7°   —   au Bourget et à Sévran;
8°   —   à Bondy, au Raincy et à Chelles;
9°   —   à Champigny, par Vincennes;
10° —   à Villeneuve-Saint-Georges, par Charenton;
11° —   à Juvisy;
12° —   à Palaiseau.

Routes. — Les routes principales du grand réseau aux mailles serrées dont Paris occupe le centre sont les suivantes :

1° Route de Paris à Versailles, par Sèvres;
2°   —   —   par Issy et le Bas-Meudon;
3°   —   —   par Saint-Cloud et Ville-d'Avray;
4°   —   à Noisy, par Saint-Cloud et Rocquencourt;

5° Route de Paris à Saint-Germain, par Courbevoie, Nanterre et Bougival ;
6° — à Saint-Germain, par Courbevoie, Nanterre et Chatou ;
7° — à Maisons, par Courbevoie, Bezons et Houilles ;
8° — à Cormeil, par Courbevoie et Bezons ;
9° — à Sannois, par Courbevoie et Argenteuil ;
10° — à Sannois, par Asnières et Argenteuil ;
11° — à Saint-Denis, par Clichy et Saint-Ouen ;
12° — à Saint-Denis et à Ecouen ;
13° — à Gonesse, par Saint-Denis et Garges ;
14° — à Gonesse, par le Bourget ;
15° — à Livry, par Drancy et Sevran ;
16° — — par le canal de l'Ourcq ;
17° — — par Bondy ;
18° — — par Montreuil et Rosny ;
19° — à Chelles, par Vincennes et Neuilly ;
20° — — par Brie, Champs et Gournay ;
21° — à Villiers, par Charenton et Joinville ;
22° — à Champigny — —
23° — à Sucy, par Charenton et Créteil ;

24° Route de Paris à Villeneuve-Saint-Georges, par Charenton et Maisons;
25°   —   à Ablon, par Vitry et Choisy;
26°   —   à Juvisy, par Villejuif;
27°   —   à Longjumeau, par Bourg-la-Reine;
28°   —   à Saclay, par Montrouge et Châtillon;

Tramways. — De nombreuses lignes de tramways circulent à l'intérieur de Paris et vont aboutir à Saint-Denis, à Aubervilliers, à Pantin, à Montreuil, à Charenton, à Ivry, à Vitry, à Villejuif, à Fontenay-aux-Roses, à Vanves, à Clamart, à Versailles, à Saint-Cloud, à Suresne et à Gennevilliers.

En deux jours, ces lignes pourraient être prolongées jusqu'à Boissy, Saint-Léger, Valenton, Villeneuve-Saint-Georges, Villeneuve-le-Roi, Juvisy, la Croix-de-Berny, Vaucresson, Colombes (par Saint-Denis), Bezons (par Saint-Denis et Argenteuil), Eaubonne, Garges, le Bourget, Aulnay-lès-Bondy et Livry.

§ III. — CONSIDÉRATIONS MILITAIRES ET CRITIQUES DU SYSTÈME.

Ainsi que l'on a pu s'en rendre compte, il existe un grand espace dégarni de défenses entre Stains et Vaujours, et un autre entre Villeneuve-Saint-Georges et Palaiseau; enfin, le fort de Sucy et la batterie de Limeil n'ont pas de vues.

L'existence de ces lacunes pourrait avoir de sérieuses

conséquences, car ces vides se produisent précisément sur les côtés les plus favorables à l'attaque.

D'un autre côté, entre les forts de Stains et de Vaujours, s'étend une longue bande de terrain qui n'est pas plus efficacement protégée par les faces de ces forts que les villages de Grand-Tramblay, de Villepinte et d'Aulnay placés à chacune des extrémités de ce tronçon de vallée.

En outre, le mamelon de Morlu, qui commande le fort de Stains, ne peut être battu par l'artillerie de ce fort.

L'occupation de ces positions par l'ennemi aurait pour conséquence de lui livrer la forêt de Bondy, et d'isoler les ouvrages de Vaujours, de Montfermeil et de Chelles.

D'un autre côté, le fort de Stains, commandé par le Morlu, ne pourrait longtemps tenir; sa perte entraînerait celle de la redoute de la Butte-Pinçon et isolerait les ouvrages établis au Nord de Paris.

Ces défectuosités de notre système défensif ont déjà frappé tous les militaires qui se sont occupés de la question, et principalement les écrivains allemands. Malheureusement, pour être prévu, le péril n'en est pas moins à redouter.

Une autre conséquence tout aussi grave de la faiblesse relative de ce secteur, serait de nous mettre dans l'impossibilité absolue d'agir offensivement sur la Marne et par suite de nous enlever tout espoir de donner la main à une armée qui sortirait de Reims au moment voulu et manœuvrerait pour placer l'ennemi entre deux feux.

Il est donc indispensable : 1° de construire deux forts,

l'un sur le Morlu, l'autre sur le Sévran; 2° de placer une redoute en avant du Blanc-Mesnil.

Quant à la trouée Villeneuve-Palaiseau, bien qu'elle n'ait pas des conséquences pareilles, il n'en serait pas moins à désirer qu'elle fût masquée par des batteries établies à Ablon, à la Belle-Épine et au S.-O. de Wissous.

Ainsi qu'il a été dit précédemment, le fort de Sucy et la batterie de Limeil n'ont pas de vues et peuvent être facilement abordés.

Aussi, aurait-on grand tort de les laisser en première ligne; ils ne devraient à notre avis servir qu'à appuyer d'autres ouvrages établis à Belle-Vue et vers Lésigny. (Cette question est du reste à l'étude.)

§ IV. — Conclusion.

Aucune idée large n'a présidé à la conception du camp de Paris. Mettre la capitale à l'abri d'un bombardement et rendre l'investissement très difficile, très long et très pénible, tel a été le but cherché et plus ou moins complètement atteint; mais on ne s'est nullement inquiété de donner à l'armée appelée à s'y renfermer la possibilité de concourir efficacement à la défense générale.

Placée dans une semblable position, cette armée ne sera peut-être pas forcée; mais, dans tous les cas, elle sera certainement inutile.

APPENDICE[1]

Considérations sur la valeur défensive de l'enceinte de Paris.

I

« Le mur murant Paris rend Paris murmurant »
fredonnaient à l'envi les Parisiens de la fin du siècle dernier.

De nos jours, le mur d'octroi de la gabelle et des fermiers généraux a été remplacé par l'enceinte fortifiée de 1840, et des murmures s'élèvent encore à l'intérieur de la ceinture de pierre et de terre qui enserre la grande cité!

Nous ne voulons pas examiner ici cette question de l'enceinte de Paris, en ce qui concerne les intérêts si respectables de la capitale.

Nous voulons envisager la question au point de vue purement militaire, au point de vue de l'intérêt supérieur du pays, qui doit prévaloir sur tous les autres.

Disons tout d'abord qu'il existe aujourd'hui, autour de Paris, au moins trois lignes de défenses successives, qui devront être simultanément pourvues de défenseurs et de matériel.

Ces lignes comprennent, en partant de l'extérieur :

1° L'ensemble des nouveaux forts de 1874, dont certaines lacunes considérables doivent être défendues par de véritables armées, tandis que leurs intervalles normaux seraient garnis, en temps de guerre, d'ouvrages du moment et de tranchées;

2° La ligne des anciens forts détachés appuyant la précédente, et qui devrait être renforcée aussi, en cas de siège, par des travaux intermédiaires, tout au moins dans les secteurs attaqués;

3° L'enceinte continue de 1840, qui sert de mur d'octroi à la ville, et dont la valeur militaire a bien diminué depuis l'accroissement de la portée efficace des armes portatives. Cette enceinte se trouve, en effet, enserrée à 250 mètres de distance par des constructions nombreuses, et ses vues extérieures sont devenues absolument insuffisantes.

A ces trois lignes de défense permanentes, il convient encore d'ajouter les obstacles improvisés dans les villages et faubourgs, les cours d'eau et chemins de fer fortifiés au moment du besoin, etc...

Le grand Carnot a bien montré, dans la défense d'Anvers, comment on peut utiliser les constructions existantes.

Les deux sièges de 1870 et de 1871 ont fourni aussi à cet égard, à Paris même, des exemples qui doivent être étudiés.

A notre avis, toute la question de la fortification de la capitale consiste,

---

[1] Bien que ces quelques pages ne soient pas l'œuvre de l'auteur du livre, il nous a semblé qu'elles n'en étaient pas moins le complément obligé. Nos lecteurs penseront certainement comme nous.

pour un militaire, à savoir si trois et même quatre lignes de défense successives sont absolument nécessaires.

Eh bien! il ne peut exister aucun doute sur ce point.

Depuis Vauban, qui voulait une double enceinte bastionnée à Paris, aucun officier — même du génie — n'a demandé trois lignes de défense pour la capitale.

En 1840, notamment, après une étude approfondie de la question, on s'est prononcé pour une enceinte continue précédée d'une ligne de forts détachés.

Et il faudrait aller jusque dans l'Extrême-Orient pour rencontrer, de nos jours, des villes défendues par trois et quatre enceintes successives!

Après nos désastres, et surtout en raison des progrès de l'artillerie rayée de siège, nous avons été amenés à construire autour de Paris — à une distance de 6 à 10 kilomètres en avant de la ligne des anciens forts — un système d'ouvrages permanents tenant compte des récents changements survenus dans l'attaque et la défense des places.

Ces ouvrages sont terminés, quoique leur ensemble présente quelques lacunes qu'il faudra faire disparaître le plus tôt possible.

Les circonstances semblent propices pour combler ces lacunes et remplacer par une chemise de sûreté, portée sur la ligne des anciens forts, l'enceinte surannée de troisième ligne.

De cette façon, on obtiendra pour Paris une sorte d'équivalence, entre les forces de résistance actuelle et projetée; et cette équivalence sera acquise en mettant d'accord les intérêts supérieurs du pays et ceux si légitimes de la capitale.

Nous trouvons à cette solution d'autres avantages importants. Nous les examinerons prochainement avec les développements qu'ils comportent.

Avant de passer outre, nous ne saurions trop insister sur ce principe, admis par tous les ingénieurs militaires imbus des idées modernes :

« *en fortification, tout ce qui n'est pas indispensable est plus nuisible qu'utile.* »

II

Nous estimons que les deux lignes de défense permanentes constituées par le double polygone des nouveaux et des anciens forts pourront suffire pour couvrir la capitale. L'enceinte surannée de 1840 ne sera plus utile, selon nous, si, *au préalable*, le système des forts extérieurs est complété et une enceinte de sûreté créée en suivant à peu près le polygone jalonné par les anciens forts.

La première consiste à relier, dès le temps de paix, par des remparts simples et économiques, les anciens forts distants l'un de l'autre, comme on sait, de 1,800 à 2,500 mètres. C'est la solution préconisée par le général Brialmont, dans son ouvrage sur la fortification des capitales.

« L'ancien système des forts de Paris, dit-il, pourra être transformé en enceinte continue, pour remplacer l'enceinte actuelle, quand la ville se trouvera trop à l'étroit par suite de l'accroissement de sa population... On aura ainsi l'avantage de posséder un ensemble de réduits ou petites citadelles à défenses intérieures. »

Cette chemise continue de sûreté pourrait avoir un profil très simple : celui, par exemple, de certaines places d'Algérie ou de la nouvelle enceinte de la rive gauche du Rhône, à Lyon. On n'élèverait en avant des nouveaux remparts que des constructions légères établies suivant des alignements favorables à la défense.

La seconde solution consiste à n'établir la continuité d'un réduit jalonné par les anciens forts, qu'au *moment d'une guerre*. La chemise de sûreté serait improvisée, en quelques semaines, dès la déclaration des hostilités. Elle serait établie avec les profils de la fortification semi-permanente, qui a fait ses preuves à Sébastopol et à Plewna.

On utiliserait pour la constitution de cette enceinte continue, les murs et les maisons existants, qui à l'avenir, dans une certaine zone, devraient être établis *en vue de leur emploi éventuel* pendant un siège.

Le temps et les bras, disent les partisans de la seconde solution, ne manqueront pas pour achever les travaux, qui seront exécutés très rapidement, si dès le temps de paix les projets sont rédigés et arrêtés complètement.

Quelque séduisante que puisse paraître l'idée d'une enceinte improvisée, nous ne saurions l'adopter. Nous voyons, en effet, peu d'avantages à cette solution, et plusieurs inconvénients.

Parmi ceux-ci, nous signalerons : la difficulté, croissante chaque jour, d'établir une enceinte économique sur des terrains qui se bâtissent rapidement ; la quantité vraiment effrayante de travaux que doit exécuter au *moment du besoin* le service du génie, pour la mise en état de défense d'une grande place ; enfin et surtout, les inquiétudes ou même les affolements de la population qui pourraient résulter d'une enceinte inachevée au moment de l'approche d'une armée ennemie.

Il ne faut pas qu'un *raid* de quelques cavaliers puisse venir jeter le trouble ou la panique parmi les défenseurs. L'exemple de l'affaire du plateau de Châtillon, en 1870, ne doit pas être oublié.

La chemise de Paris doit être, avant tout, une enceinte de *soutien moral*. En conséquence, si faible que soit son profil, le réduit doit être continu et établi dès le temps de paix.

Quant à son tracé, c'est affaire d'ingénieur.

Quelle que soit la solution adoptée pour un nouveau réduit de la capitale, elle exige impérieusement dans tous les cas, avant la démolition de l'enceinte bastionnée, l'achèvement du système des nouveaux forts.

Ce système — tout le monde le sait — est incomplet au nord et au sud où existent des trouées considérables, qui exigent, pour leur garde, la présence de troupes nombreuses.

On a dit — après coup — que ces lacunes étaient de grandes *souricières* destinées à tenter l'assiégeant, qui, pris en flanc, s'y ferait détruire. Nous n'en croyons rien, eu égard au caractère *peu aventureux* de nos ennemis probables. Et la nécessité d'avoir une véritable armée active en arrière de chaque trouée est pour nous un inconvénient des plus graves. Elle ne s'imposera plus, le jour où quelques forts complémentaires pourront être construits moyennant la vente, à la Ville, de l'enceinte actuelle.

Il importe en outre de renforcer, notamment par de nouvelles tourelles cuirassées, le système des défenses extérieures de la capitale.

Les exemples tirés des derniers sièges, aussi bien que ceux empruntés aux récentes actions en rase campagne, montrent l'importance sans cesse croissante de la résistance des premières lignes de défense. Celles-ci, suivant les idées modernes, ne doivent-elles pas être aussi fortes que possible, en vue d'y soutenir la lutte avec le maximum d'intensité ?

Aussi peut-on dire que « la force de résistance d'une grande place se mesurera, à l'avenir, par celle de ses ouvrages avancés ».

Une deuxième ligne de défense n'interviendra, le plus souvent, en réalité, que par son action sur le moral des défenseurs de la première ligne. Ceux-ci poussent la résistance à l'extrême, quand ils sentent un soutien derrière eux.

Mais il faut que ce soutien soit *à bonne portée*, qu'il soit proche de la ligne extérieure de défense. A ce point de vue, l'enceinte de 1810 est située *beaucoup trop loin* du véritable théâtre des combats sérieux, tandis qu'elle est placée *beaucoup trop près* des quartiers populeux de la capitale.

III

Il est une autre considération — la plus importante de toutes — qui nous oblige à demander la suppression de l'enceinte surannée de troisième ligne, *dès que les travaux des deux premières seront terminés*.

C'est la réduction au minimum des troupes et du matériel de guerre que la France immobilise pour la garde de sa capitale.

Il importe, en effet, que nos armées actives de campagne soient aussi fortes que possible, *afin qu'elles puissent aller chez ceux qui voudraient venir chez nous!*

La défense de Paris pourra être assurée avec une garnison de moins de 100,000 hommes — réservistes des quatrièmes bataillons, territoriaux, volontaires, réservistes de la territoriale — dès que les lacunes actuelles des forts extérieurs seront garnies d'ouvrages permanents de défense, en vue de l'établissement d'un unique et véritable camp retranché. Il faudra, pour obtenir ce résultat, se borner à deux lignes de défense, qui seules sont nécessaires : le système extérieur des nouveaux forts complétés, et une enceinte de sûreté, dont la plupart des anciens forts pourront former l'ossature.

Alors, pourront être répartis sur la première ou la deuxième ligne, les 600 canons et les 30,000 hommes qu'exige aujourd'hui, pour la défense de ses remparts, l'enceinte bastionnée *qui rend Paris murmurant!*

Alors aussi, 80,000 hommes aguerris — plus de deux corps d'armée — immobilisés actuellement pour la garnison de la capitale, pourront rejoindre nos armées à la frontière!

Le sort final d'une grande guerre se décide presque toujours en rase campagne. Les anciens ont dit autrefois : « S'il est bon que tu possèdes un bouclier, il vaut encore mieux que tu te pourvoies d'un bon glaive! »

Ce précepte militaire n'a pas vieilli de nos jours.

Certes, nous voulons pouvoir nous défendre encore à Paris, si nos armées étaient malheureuses dans des combats livrés à la frontière. Mais le plus important n'est-il pas de nous présenter à l'ennemi avec toutes nos forces disponibles? Ne faut-il pas, *avant tout*, chercher la victoire dans les premières batailles?

Un dernier mot :

L'idée de lier indissolublement le sort de la patrie à celui de la capitale — boulevard suprême de l'indépendance nationale — est, selon nous, une erreur contre laquelle on ne saurait trop s'élever. Elle a eu et pourrait avoir encore les conséquences les plus funestes pour une résistance à outrance de tous ceux qui ont au fond du cœur l'inoubliable souvenir des défaites imméritées!

FIN.

TABLE DES MATIÈRES

Préface 3

PREMIÈRE PARTIE
CONSIDÉRATIONS PRÉLIMINAIRES

I. Zone dans laquelle doit s'exercer l'action du camp de Paris. — Quel doit être le rôle du camp de Paris. — Idée qui a présidé à la création de ce camp........................... 11

II. Le blocus de Paris est possible avec des forces relativement peu considérables. — Différents moyens de réduire la place.. 13

III. Positions couvertes par la Seine et appuyées d'un côté à Paris, et de l'autre à la forêt de Fontainebleau. — Rôle des camps-frontières.. 21

IV. Quelles routes peut suivre l'armée française après un désastre essuyé sur la frontière... 35

V. Plateau d'Othe et position de Nogent-le-Rotrou. — Sur quelle position l'armée française peut attendre l'ennemi après un échec. — Ligne de retraite après l'abandon de sa dernière position... 43

DEUXIÈME PARTIE
ÉTUDE DU PAYS

I. Coup d'œil d'ensemble sur la région de Paris................. 63
II. Pays compris entre la Seine et l'Oise........................ 69
III. Pays compris entre Oise et Marne........................... 115
IV. Pays compris entre la Seine et la Marne..................... 117
V. Pays compris entre la Seine et l'Yonne...................... 173
VI. Pays compris entre l'Yonne et le Loing..................... 179
VII. Pays compris entre l'Esonne et le Loing................... 191
VIII. Pays compris entre l'Eure et la Seine.................... 197
IX. Camp retranché de Paris.................................... 221
APPENDICE. — Considérations sur la valeur défensive de l'enceinte de Paris.. 236

Paris et Limoges. — Imprimerie militaire Henri CHARLES-LAVAUZELLE.

Contraste insuffisant

NF Z 43-120-14

Reliure serrée